SÉRVIO
VOCABULÁRIO

PALAVRAS MAIS ÚTEIS

PORTUGUÊS SÉRVIO

Para alargar o seu léxico e apurar as suas competências linguísticas

5000 palavras

Vocabulário Português-Sérvio - 5000 palavras
Por Andrey Taranov

Os vocabulários da T&P Books destinam-se a ajudar a aprender, a memorizar, e a rever palavras estrangeiras. O dicionário é dividido em temas, cobrindo todas as principais esferas de atividades quotidianas, negócios, ciência, cultura, etc.

O processo de aprendizagem, utilizando os dicionários baseados em temáticas da T&P Books dá-lhe as seguintes vantagens:

- Informação de origem corretamente agrupada predetermina o sucesso em fases subsequentes da memorização de palavras
- Disponibilização de palavras derivadas da mesma raiz, o que permite a memorização de unidades de texto (em vez de palavras separadas)
- Pequenas unidades de palavras facilitam o processo de estabelecimento de vínculos associativos necessários para a consolidação do vocabulário
- O nível de conhecimento da língua pode ser estimado pelo número de palavras aprendidas

Copyright © 2020 T&P Books Publishing

Todos os direitos reservados. Nenhuma parte desta publicação pode ser reproduzida, total ou parcialmente, por quaisquer métodos ou processos, sejam eles eletrónicos, mecânicos, de fotocópia ou outros, sem a autorização escrita do editor. Esta publicação não pode ser divulgada, copiada ou distribuída em nenhum formato.

T&P Books Publishing
www.tpbooks.com

ISBN: 978-1-78400-930-4

Este livro também está disponível em formato E-book.
Por favor visite www.tpbooks.com ou as principais livrarias on-line.

VOCABULÁRIO SÉRVIO
palavras mais úteis

Os vocabulários da T&P Books destinam-se a ajudar a aprender, a memorizar, e a rever palavras estrangeiras. O vocabulário contém mais de 5000 palavras de uso comum organizadas tematicamente.

O vocabulário contém as palavras mais comummente usadas
Recomendado como adicional para qualquer curso de línguas
Satisfaz as necessidades dos iniciados e dos alunos avançados de línguas estrangeiras
Conveniente para o uso diário, sessões de revisão e atividades de auto-teste
Permite avaliar o seu vocabulário

Características especias do vocabulário

- As palavras estão organizadas de acordo com o seu significado, e não por ordem alfabética
- As palavras são apresentadas em três colunas para facilitar os processos de revisão e auto-teste
- As palavras compostas são divididas em pequenos blocos para facilitar o processo de aprendizagem
- O vocabulário oferece uma transcrição simples e adequada de cada palavra estrangeira

O vocabulário contém 155 tópicos incluindo:

Conceitos básicos, Números, Cores, Meses, Estações do ano, Unidades de medida, Roupas & Acessórios, Alimentos & Nutrição, Restaurante, Membros da Família, Parentes, Caráter, Sentimentos, Emoções, Doenças, Cidade, Passeios, Compras, Dinheiro, Casa, Lar, Escritório, Trabalho no Escritório, Importação & Exportação, Marketing, Pesquisa de Emprego, Desportos, Educação, Computador, Internet, Ferramentas, Natureza, Países, Nacionalidades e muito mais ...

TABELA DE CONTEÚDOS

Guia de pronunciação   9
Abreviaturas   10

CONCEITOS BÁSICOS   12
Conceitos básicos. Parte 1   12

1. Pronomes   12
2. Cumprimentos. Saudações. Despedidas   12
3. Como se dirigir a alguém   13
4. Números cardinais. Parte 1   13
5. Números cardinais. Parte 2   14
6. Números ordinais   15
7. Números. Frações   15
8. Números. Operações básicas   15
9. Números. Diversos   15
10. Os verbos mais importantes. Parte 1   16
11. Os verbos mais importantes. Parte 2   17
12. Os verbos mais importantes. Parte 3   18
13. Os verbos mais importantes. Parte 4   19
14. Cores   20
15. Questões   20
16. Preposições   21
17. Palavras funcionais. Advérbios. Parte 1   21
18. Palavras funcionais. Advérbios. Parte 2   23

Conceitos básicos. Parte 2   25

19. Dias da semana   25
20. Horas. Dia e noite   25
21. Meses. Estações   26
22. Unidades de medida   28
23. Recipientes   29

O SER HUMANO   30
O ser humano. O corpo   30

24. Cabeça   30
25. Corpo humano   31

Vestuário & Acessórios   32

26. Roupa exterior. Casacos   32
27. Vestuário de homem & mulher   32

28. Vestuário. Roupa interior	33
29. Adereços de cabeça	33
30. Calçado	33
31. Acessórios pessoais	34
32. Vestuário. Diversos	34
33. Cuidados pessoais. Cosméticos	35
34. Relógios de pulso. Relógios	36

Alimentação. Nutrição	37
35. Comida	37
36. Bebidas	38
37. Vegetais	39
38. Frutos. Nozes	40
39. Pão. Bolaria	41
40. Pratos cozinhados	41
41. Especiarias	42
42. Refeições	43
43. Por a mesa	44
44. Restaurante	44

Família, parentes e amigos	45
45. Informação pessoal. Formulários	45
46. Membros da família. Parentes	45

Medicina	47
47. Doenças	47
48. Sintomas. Tratamentos. Parte 1	48
49. Sintomas. Tratamentos. Parte 2	49
50. Sintomas. Tratamentos. Parte 3	50
51. Médicos	51
52. Medicina. Drogas. Acessórios	51

HABITAT HUMANO	53
Cidade	53
53. Cidade. Vida na cidade	53
54. Instituições urbanas	54
55. Sinais	55
56. Transportes urbanos	56
57. Turismo	57
58. Compras	58
59. Dinheiro	59
60. Correios. Serviço postal	60

Moradia. Casa. Lar	61
61. Casa. Eletricidade	61

62. Moradia. Mansão	61
63. Apartamento	61
64. Mobiliário. Interior	62
65. Quarto de dormir	63
66. Cozinha	63
67. Casa de banho	64
68. Eletrodomésticos	65

ATIVIDADES HUMANAS 66
Emprego. Negócios. Parte 1 66

69. Escritório. O trabalho no escritório	66
70. Processos negociais. Parte 1	67
71. Processos negociais. Parte 2	68
72. Produção. Trabalhos	69
73. Contrato. Acordo	70
74. Importação & Exportação	71
75. Finanças	71
76. Marketing	72
77. Publicidade	73
78. Banca	73
79. Telefone. Conversação telefónica	74
80. Telefone móvel	75
81. Estacionário	75
82. Tipos de negócios	76

Emprego. Negócios. Parte 2 78

83. Espetáculo. Feira	78
84. Ciência. Investigação. Cientistas	79

Profissões e ocupações 81

85. Procura de emprego. Demissão	81
86. Gente de negócios	81
87. Profissões de serviços	82
88. Profissões militares e postos	83
89. Oficiais. Padres	84
90. Profissões agrícolas	84
91. Profissões artísticas	85
92. Várias profissões	85
93. Ocupações. Estatuto social	87

Educação 88

94. Escola	88
95. Colégio. Universidade	89
96. Ciências. Disciplinas	90
97. Sistema de escrita. Ortografia	90
98. Línguas estrangeiras	91

Descanso. Entretenimento. Viagens	93
99. Viagens	93
100. Hotel	93

EQUIPAMENTO TÉCNICO. TRANSPORTES	95
Equipamento técnico. Transportes	95
101. Computador	95
102. Internet. E-mail	96
103. Eletricidade	97
104. Ferramentas	97

Transportes	100
105. Avião	100
106. Comboio	101
107. Barco	102
108. Aeroporto	103

Eventos	105
109. Férias. Evento	105
110. Funerais. Enterro	106
111. Guerra. Soldados	106
112. Guerra. Ações militares. Parte 1	107
113. Guerra. Ações militares. Parte 2	109
114. Armas	110
115. Povos da antiguidade	112
116. Idade média	112
117. Líder. Chefe. Autoridades	114
118. Viloação da lei. Criminosos. Parte 1	115
119. Viloação da lei. Criminosos. Parte 2	116
120. Polícia. Lei. Parte 1	117
121. Polícia. Lei. Parte 2	118

NATUREZA	120
A Terra. Parte 1	120
122. Espaço sideral	120
123. A Terra	121
124. Pontos cardeais	122
125. Mar. Oceano	122
126. Nomes de Mares e Oceanos	123
127. Montanhas	124
128. Nomes de montanhas	125
129. Rios	125
130. Nomes de rios	126
131. Floresta	126
132. Recursos naturais	127

A Terra. Parte 2 — 129

133. Tempo — 129
134. Tempo extremo. Catástrofes naturais — 130

Fauna — 131

135. Mamíferos. Predadores — 131
136. Animais selvagens — 131
137. Animais domésticos — 132
138. Pássaros — 133
139. Peixes. Animais marinhos — 135
140. Amfíbios. Répteis — 135
141. Insetos — 136

Flora — 137

142. Árvores — 137
143. Arbustos — 137
144. Frutos. Bagas — 138
145. Flores. Plantas — 139
146. Cereais, grãos — 140

PAÍSES. NACIONALIDADES — 141

147. Europa Ocidental — 141
148. Europa Central e de Leste — 141
149. Países da ex-URSS — 142
150. Asia — 142
151. América do Norte — 143
152. América Central do Sul — 143
153. Africa — 144
154. Austrália. Oceania — 144
155. Cidades — 144

GUIA DE PRONUNCIAÇÃO

Letra	Exemplo Sérvio	Alfabeto fonético T&P	Exemplo Português

Vogais

A a	авлија	[a]	chamar
E e	ексер	[e]	metal
И и	излаз	[i]	sinónimo
O o	очи	[o]	lobo
У у	ученик	[u]	bonita

Consoantes

Б б	брег	[b]	barril
В в	вода	[ʋ]	fava
Г г	глава	[g]	gosto
Д д	дим	[d]	dentista
Ђ ђ	ђак	[dʑ]	tajique
Ж ж	жица	[ʒ]	talvez
З з	зец	[z]	sésamo
Ј ј	мој	[j]	géiser
К к	киша	[k]	kiwi
Л л	лептир	[l]	libra
Љ љ	љиљан	[ʎ]	barulho
М м	мајка	[m]	magnólia
Н н	нос	[n]	natureza
Њ њ	књига	[ɲ]	ninhada
П п	праг	[p]	presente
Р р	рука	[r]	riscar
С с	слово	[s]	sanita
Т т	тело	[t]	tulipa
Ћ ћ	ћуран	[tɕ]	tchetcheno
Ф ф	фењер	[f]	safári
Х х	хлеб	[h]	[h] aspirada
Ц ц	цео	[ts]	tsé-tsé
Ч ч	чизме	[tʃ]	Tchau!
Џ џ	џбун	[dʒ]	adjetivo
Ш ш	шах	[ʃ]	mês

ABREVIATURAS
usadas no vocabulário

Abreviaturas do Português

adj	-	adjetivo
adv	-	advérbio
anim.	-	animado
conj.	-	conjunção
desp.	-	desporto
etc.	-	etecetra
ex.	-	por exemplo
f	-	nome feminino
f pl	-	feminino plural
fem.	-	feminino
inanim.	-	inanimado
m	-	nome masculino
m pl	-	masculino plural
m, f	-	masculino, feminino
masc.	-	masculino
mat.	-	matemática
mil.	-	militar
pl	-	plural
prep.	-	preposição
pron.	-	pronome
sb.	-	sobre
sing.	-	singular
v aux	-	verbo auxiliar
vi	-	verbo intransitivo
vi, vt	-	verbo intransitivo, transitivo
vr	-	verbo reflexivo
vt	-	verbo transitivo

Abreviaturas do Sérvio

ж	-	nome feminino
ж мн	-	feminino plural
м	-	nome masculino
м мн	-	masculino plural
м, ж	-	masculino, feminino
мн	-	plural
нг	-	verbo intransitivo
нг, пг	-	verbo intransitivo, transitivo

пг	-	verbo transitivo
с	-	neutro
с мн	-	neutro plural

CONCEITOS BÁSICOS

Conceitos básicos. Parte 1

1. Pronomes

eu	ja	ja
tu	ти	ti
ele	он	on
ela	она	óna
ele, ela (neutro)	оно	óno
nós	ми	mi
vocês	ви	vi
eles	они	óni
elas	оне	óne

2. Cumprimentos. Saudações. Despedidas

Olá!	Здраво!	Zdrávo!
Bom dia! (formal)	Добар дан!	Dóbar dan!
Bom dia! (de manhã)	Добро јутро!	Dóbro jútro!
Boa tarde!	Добар дан!	Dóbar dan!
Boa noite!	Добро вече!	Dóbro véče!
cumprimentar (vt)	поздрављати (пг)	pózdravljati
Olá!	Здраво!	Zdrávo!
saudação (f)	поздрав (м)	pózdrav
saudar (vt)	поздрављати (пг)	pózdravljati
Como vai?	Како сте?	Káko ste?
Como vais?	Како си?	Káko sí?
O que há de novo?	Шта је ново?	Šta je nóvo?
Adeus! (formal)	Довиђења!	Doviđénja!
Até à vista! (informal)	Здраво!	Zdrávo!
Até breve!	Видимо се ускоро!	Vídimo se úskoro!
Adeus!	Збогом!	Zbógom!
despedir-se (vr)	опраштати се	opráštati se
Até logo!	Ћао! Здраво!	Ćao! Zdrávo!
Obrigado! -a!	Хвала!	Hvála!
Muito obrigado! -a!	Хвала лепо!	Hvála lépo!
De nada	Изволите	Izvólite
Não tem de quê	Нема на чему!	Néma na čému!
De nada	Нема на чему	Néma na čému
Desculpa!	Извини!	Izvíni!

Desculpe!	Извините!	Izvínite!
desculpar (vt)	извињавати (nr)	izvinjávati
desculpar-se (vr)	извињавати се	izvinjávati se
As minhas desculpas	Извињавам се	Izvinjávam se
Desculpe!	Извините!	Izvínite!
perdoar (vt)	опраштати (nr)	opráštati
Não faz mal	Ништа страшно!	Níšta strášno!
por favor	молим	mólim
Não se esqueça!	Не заборавите!	Ne zabóravite!
Certamente! Claro!	Наравно!	Náravno!
Claro que não!	Наравно да не!	Náravno da ne!
Está bem! De acordo!	Слажем се!	Slážem se!
Basta!	Доста!	Dósta!

3. Como se dirigir a alguém

Desculpe	Извините, ...	Izvínite, ...
(para chamar a atenção)		
senhor	господине	gospódine
senhora	госпођо	góspođo
rapariga	госпођице	góspođice
rapaz	младићу	mládiću
menino	дечко	déčko
menina	девојчица	devójčica

4. Números cardinais. Parte 1

zero	нула (ж)	núla
um	један	jédan
dois	два	dva
três	три	tri
quatro	четири	četiri
cinco	пет	pet
seis	шест	šest
sete	седам	sédam
oito	осам	ósam
nove	девет	dévet
dez	десет	déset
onze	једанаест	jedánaest
doze	дванаест	dvánaest
treze	тринаест	trínaest
catorze	четрнаест	četŕnaest
quinze	петнаест	pétnaest
dezasseis	шеснаест	šésnaest
dezassete	седамнаест	sedámnaest
dezoito	осамнаест	osámnaest
dezanove	деветнаест	devétnaest

vinte	двадесет	dvádeset
vinte e um	двадесет и један	dvádeset i jédan
vinte e dois	двадесет и два	dvádeset i dva
vinte e três	двадесет и три	dvádeset i tri
trinta	тридесет	trídeset
trinta e um	тридесет и један	trídeset i jédan
trinta e dois	тридесет и два	trídeset i dva
trinta e três	тридесет и три	trideset i tri
quarenta	четрдесет	četrdéset
quarenta e um	четрдесет и један	četrdéset i jédan
quarenta e dois	четрдесет и два	četrdéset i dva
quarenta e três	четрдесет и три	četrdéset i tri
cinquenta	педесет	pedéset
cinquenta e um	педесет и један	pedéset i jédan
cinquenta e dois	педесет и два	pedéset i dva
cinquenta e três	педесет и три	pedéset i tri
sessenta	шездесет	šezdéset
sessenta e um	шездесет и један	šezdéset i jédan
sessenta e dois	шездесет и два	šezdéset i dva
sessenta e três	шездесет и три	šezdéset i tri
setenta	седамдесет	sedamdéset
setenta e um	седамдесет и један	sedamdéset i jédan
setenta e dois	седамдесет и два	sedamdéset i dva
setenta e três	седамдесет и три	sedamdéset i tri
oitenta	осамдесет	osamdéset
oitenta e um	осамдесет и један	osamdéset i jédan
oitenta e dois	осамдесет и два	osamdéset i dva
oitenta e três	осамдесет и три	osamdéset i tri
noventa	деведесет	devedéset
noventa e um	деведесет и један	devedéset i jédan
noventa e dois	деведесет и два	devedéset i dva
noventa e três	деведесет и три	devedéset i tri

5. Números cardinais. Parte 2

cem	сто	sto
duzentos	двеста	dvésta
trezentos	триста	trísta
quatrocentos	четиристо	četiristo
quinhentos	петсто	pétsto
seiscentos	шестсто	šéststo
setecentos	седамсто	sédamsto
oitocentos	осамсто	ósamsto
novecentos	деветсто	dévetsto
mil	хиљада (ж)	híljada
dois mil	две хиљаде	dve híljade

De quem são ...?	три хиљаде	tri híljade
dez mil	десет хиљада	déset híljada
cem mil	сто хиљада	sto híljada
um milhão	милион (м)	milíon
mil milhões	милијарда (ж)	milíjarda

6. Números ordinais

primeiro	први	pŕvi
segundo	други	drúgi
terceiro	трећи	tréći
quarto	четврти	čétvrti
quinto	пети	péti
sexto	шести	šésti
sétimo	седми	sédmi
oitavo	осми	ósmi
nono	девети	déveti
décimo	десети	déseti

7. Números. Frações

fração (f)	разломак (м)	rázlomak
um meio	једна половина	jédna pólovina
um terço	једна трећина (ж)	jédna trećína
um quarto	једна четвртина	jédna čétvrtina
um oitavo	једна осмина (ж)	jédna osmína
um décimo	једна десетина	jédna désetina
dois terços	две трећине	dve trećíne
três quartos	три четвртине	tri četvŕtine

8. Números. Operações básicas

subtração (f)	одузимање (с)	oduzímanje
subtrair (vi, vt)	одузимати (пг)	odúzimati
divisão (f)	дељење (с)	déljenje
dividir (vt)	делити (пг)	déliti
adição (f)	сабирање (с)	sabíranje
somar (vt)	сабрати (пг)	sábrati
adicionar (vt)	сабирати (пг)	sábirati
multiplicação (f)	множење (с)	mnóženje
multiplicar (vt)	множити (пг)	mnóžiti

9. Números. Diversos

algarismo, dígito (m)	цифра (ж)	cífra
número (m)	број (м)	broj

numeral (m)	број (м)	broj
menos (m)	минус (м)	mínus
mais (m)	плус (м)	plus
fórmula (f)	формула (ж)	fórmula
cálculo (m)	израчунавање (с)	izračunávanje
contar (vt)	бројати (нг)	brójati
calcular (vt)	бројати (нг)	brójati
comparar (vt)	упоређивати (нг)	upoređívati
Quanto, -os, -as?	Колико?	Kolíko?
soma (f)	збир (м)	zbir
resultado (m)	резултат (м)	rezúltat
resto (m)	остатак (м)	ostátak
alguns, algumas ...	неколико	nékoliko
um pouco de ...	мало	málo
resto (m)	остало (с)	óstalo
um e meio	један и по	jédan i po
dúzia (f)	туце (с)	túce
ao meio	напола	nápola
em partes iguais	на равне делове	na rávne délove
metade (f)	половина (ж)	polóvina
vez (f)	пут (м)	put

10. Os verbos mais importantes. Parte 1

abrir (vt)	отварати (нг)	otvárati
acabar, terminar (vt)	завршавати (нг)	završávati
aconselhar (vt)	саветовати (нг)	sávetovati
adivinhar (vt)	погодити (нг)	pogóditi
advertir (vt)	упозоравати (нг)	upozorávati
ajudar (vt)	помагати (нг)	pomágati
almoçar (vi)	ручати (нг)	rúčati
alugar (~ um apartamento)	изнајмити (нг)	iznájmiti
ameaçar (vt)	претити (нг)	prétiti
anotar (escrever)	записивати (нг)	zapisívati
apanhar (vt)	ловити (нг)	lóviti
apressar-se (vr)	журити се	žúriti se
arrepender-se (vr)	жалити (нг)	žáliti
assinar (vt)	потписивати (нг)	potpisívati
atirar, disparar (vi)	пуцати (нг)	púcati
brincar (vi)	шалити се	šáliti se
brincar, jogar (crianças)	играти (нг)	ígrati
buscar (vt)	тражити (нг)	trážiti
caçar (vi)	ловити (нг)	lóviti
cair (vi)	падати (нг)	pádati
cavar (vt)	копати (нг)	kópati
cessar (vt)	прекидати (нг)	prekídati

chamar (~ por socorro)	звати (пг)	zváti
chegar (vi)	стизати (нг)	stízati
chorar (vi)	плакати (нг)	plákati

começar (vt)	почињати (нг, пг)	póčinjati
comparar (vt)	упоређивати (пг)	upoređívati
compreender (vt)	разумевати (пг)	razumévati
concordar (vi)	слагати се	slágati se
confiar (vt)	веровати (пг)	vérovati

confundir (equivocar-se)	бркати (пг)	bŕkati
conhecer (vt)	знати (пг)	znáti
contar (fazer contas)	рачунати (пг)	račúnati
contar com (esperar)	рачунати на ...	račúnati na ...
continuar (vt)	настављати (пг)	nástavljati

controlar (vt)	контролисати (пг)	kontrólisati
convidar (vt)	позивати (пг)	pozívati
correr (vi)	трчати (нг)	tŕčati
criar (vt)	створити (пг)	stvóriti
custar (vt)	коштати (нг)	kóštati

11. Os verbos mais importantes. Parte 2

dar (vt)	давати (пг)	dávati
dar uma dica	дати миг	dáti mig
decorar (enfeitar)	украшавати (пг)	ukrašávati
defender (vt)	штитити (пг)	štítiti
deixar cair (vt)	испуштати (пг)	ispúštati
descer (para baixo)	спуштати се	spúštati se
desculpar (vt)	извињавати (пг)	izvinjávati
desculpar-se (vr)	извињавати се	izvinjávati se
dirigir (~ uma empresa)	руководити (пг)	rukovóditi
discutir (notícias, etc.)	расправљати (пг)	ráspravljati
dizer (vt)	рећи (пг)	réći

duvidar (vt)	сумњати (нг)	súmnjati
encontrar (achar)	наћи (пг)	náći
enganar (vt)	обмањивати (пг)	obmanjívati
entrar (na sala, etc.)	ући, улазити (нг)	úći, úlaziti
enviar (uma carta)	слати (пг)	sláti

errar (equivocar-se)	грешити (нг)	gréšiti
escolher (vt)	бирати (пг)	bírati
esconder (vt)	крити (пг)	kríti
escrever (vt)	писати (пг)	písati
esperar (o autocarro, etc.)	чекати (нг, пг)	čékati

esperar (ter esperança)	надати се	nádati se
esquecer (vt)	заборављати (нг, пг)	zabóravljati
estudar (vt)	студирати (пг)	studírati
exigir (vt)	захтевати, тражити	zahtévati, trážiti
existir (vi)	постојати (нг)	póstojati
explicar (vt)	објашњавати (пг)	objašnjávati

falar (vi)	говорити (нг)	govóriti
faltar (clases, etc.)	пропуштати (пг)	propúštati
fazer (vt)	радити (пг)	ráditi
ficar em silêncio	ћутати (нг)	ćutati
gabar-se, jactar-se (vr)	хвалисати се	hválisati se
gostar (apreciar)	свиђати се	svíđati se
gritar (vi)	викати (нг)	víkati
guardar (cartas, etc.)	чувати (пг)	čúvati
informar (vt)	информисати (пг)	infórmisati
insistir (vi)	инсистирати (нг)	insistírati
insultar (vt)	вређати (пг)	vréđati
interessar-se (vr)	интересовати се	ínteresovati se
ir (a pé)	ићи (нг)	íći
ir nadar	купати се	kúpati se
jantar (vi)	вечерати (нг)	véčerati

12. Os verbos mais importantes. Parte 3

ler (vt)	читати (нг, пг)	čítati
libertar (cidade, etc.)	ослобађати (пг)	oslobáđati
matar (vt)	убијати (нг)	ubíjati
mencionar (vt)	спомињати (пг)	spóminjati
mostrar (vt)	показивати (пг)	pokazívati
mudar (modificar)	променити (пг)	proméniti
nadar (vi)	пливати (нг)	plívati
negar-se a ...	одбијати се	odbíjati se
objetar (vt)	приговарати (нг)	prigovárati
observar (vt)	посматрати (нг)	posmátrati
ordenar (mil.)	наређивати (пг)	naređívati
ouvir (vt)	чути (нг, пг)	čúti
pagar (vt)	платити (нг, пг)	plátiti
parar (vi)	заустављати се	zaústavljati se
participar (vi)	учествовати (нг)	účestvovati
pedir (comida)	наручивати (пг)	naručívati
pedir (um favor, etc.)	молити (пг)	móliti
pegar (tomar)	узети (пг)	úzeti
pensar (vt)	мислити (нг)	mísliti
perceber (ver)	запажати (пг)	zapážati
perdoar (vt)	опраштати (пг)	opráštati
perguntar (vt)	питати (пг)	pítati
permitir (vt)	дозвољавати (нг, пг)	dozvoljávati
pertencer a ...	припадати (нг)	prípadati
planear (vt)	планирати (пг)	planírati
poder (vi)	моћи (нг)	móći
possuir (vt)	поседовати (пг)	pósedovati
preferir (vt)	преферирати (пг)	preferírati
preparar (vt)	кувати (пг)	kúvati

prever (vt)	предвиђати (nr)	predvíđati
prometer (vt)	обећати (nr)	obećati
pronunciar (vt)	изговарати (nr)	izgovárati
propor (vt)	предлагати (nr)	predlágati
punir (castigar)	кажњавати (nr)	kažnjávati

13. Os verbos mais importantes. Parte 4

quebrar (vt)	ломити (nr)	lómiti
queixar-se (vr)	жалити се	žáliti se
querer (desejar)	хтети (nr)	htéti
recomendar (vt)	препоручивати (nr)	preporučívati
repetir (dizer outra vez)	понављати (nr)	ponávljati

repreender (vt)	грдити (nr)	gŕditi
reservar (~ um quarto)	резервисати (nr)	rezervísati
responder (vt)	одговарати (нг, nr)	odgovárati
rezar, orar (vi)	молити се	móliti se
rir (vi)	смејати се	sméjati se

roubar (vt)	красти (nr)	krásti
saber (vt)	знати (nr)	znáti
sair (~ de casa)	изаћи (нг)	ízaći
salvar (vt)	спасавати (nr)	spasávati
seguir ...	пратити (nr)	prátiti

sentar-se (vr)	седати (нг)	sédati
ser necessário	бити потребан	bíti pótreban
ser, estar	бити (нг, nr)	bíti
significar (vt)	значити (нг)	znáčiti

sorrir (vi)	осмехивати се	osmehívati se
subestimar (vt)	подцењивати (nr)	podcenjívati

surpreender-se (vr)	чудити се	čúditi se
tentar (vt)	пробати (нг)	próbati

ter (vt)	имати (nr)	ímati
ter fome	бити гладан	bíti gládan

ter medo	плашити се	plášiti se
ter sede	бити жедан	bíti žédan

tocar (com as mãos)	дирати (nr)	dírati
tomar o pequeno-almoço	доручковати (нг)	dóručkovati
trabalhar (vi)	радити (нг)	ráditi

traduzir (vt)	преводити (nr)	prevóditi
unir (vt)	уједињавати (nr)	ujedinjávati

vender (vt)	продавати (nr)	prodávati
ver (vt)	видети (nr)	vídeti
virar (ex. ~ à direita)	скретати (нг)	skrétati
voar (vi)	летети (нг)	léteti

14. Cores

cor (f)	боја (ж)	bója
matiz (m)	нијанса (ж)	nijánsa
tom (m)	тон (м)	ton
arco-íris (m)	дуга (ж)	dúga
branco	бео	béo
preto	црн	cŕn
cinzento	сив	siv
verde	зелен	zélen
amarelo	жут	žut
vermelho	црвен	cŕven
azul	плав	plav
azul claro	светло плав	svétlo plav
rosa	ружичаст	rúžičast
laranja	наранџаст	narandžast
violeta	љубичаст	ljúbičast
castanho	браон	bráon
dourado	златан	zlátan
prateado	сребрнаст	srébrnast
bege	беж	bež
creme	боје крем	bóje krem
turquesa	тиркизан	tírkizan
vermelho cereja	боје вишње	bóje víšnje
lilás	лила	líla
carmesim	боје малине	bóje máline
claro	светао	svétao
escuro	таман	táman
vivo	јарки	járki
de cor	обојен	óbojen
a cores	у боји	u bóji
preto e branco	црно-бели	cŕno-béli
unicolor	једнобојан	jédnobojan
multicor	разнобојан	ráznobojan

15. Questões

Quem?	Ко?	Ko?
Que?	Шта?	Šta?
Onde?	Где?	Gde?
Para onde?	Куда?	Kúda?
De onde?	Одакле? Откуд?	Ódakle? Ótkud?
Quando?	Када?	Káda?
Para quê?	Зашто?	Zášto?
Porquê?	Зашто?	Zášto?
Para quê?	За шта? Због чега?	Zá šta? Zbog čéga?

Como?	Како?	Káko?
Qual?	Какав?	Kákav?
Qual? (entre dois ou mais)	Који?	Kóji?
A quem?	Коме?	Kóme?
Sobre quem?	О коме?	O kóme?
Do quê?	О чему?	O čému?
Com quem?	Са ким?	Sa kim?
Quanto, -os, -as?	Колико?	Kolíko?
De quem? (masc.)	Чији?	Číji?
De quem é? (fem.)	Чија?	Číja?
De quem são? (pl)	Чије?	Číje?

16. Preposições

com (prep.)	с, са	s, sa
sem (prep.)	без	bez
a, para (exprime lugar)	у	u
sobre (ex. falar ~)	о	o
antes de …	пре	pre
diante de …	испред	íspred
sob (debaixo de)	испод	íspod
sobre (em cima de)	изнад	íznad
sobre (~ a mesa)	на	na
de (vir ~ Lisboa)	из	iz
de (feito ~ pedra)	од	od
dentro de (~ dez minutos)	за	za
por cima de …	преко	préko

17. Palavras funcionais. Advérbios. Parte 1

Onde?	Где?	Gde?
aqui	овде	óvde
lá, ali	тамо	támo
em algum lugar	негде	négde
em lugar nenhum	нигде	nígde
ao pé de …	код	kod
ao pé da janela	поред прозора	póred prózora
Para onde?	Куда?	Kúda?
para cá	овамо	óvamo
para lá	тамо	támo
daqui	одавде	ódavde
de lá, dali	одande	ódande
perto	близу	blízu
longe	далеко	daléko

perto de ...	близу, у близини	blízu, u blizíni
ao lado de	у близини	u blízini
perto, não fica longe	недалеко	nédaleko
esquerdo	леви	lévi
à esquerda	слева	sléva
para esquerda	лево	lévo
direito	десни	désni
à direita	десно	désno
para direita	десно	désno
à frente	спреда	spréda
da frente	предњи	prédnji
em frente (para a frente)	напред	nápred
atrás de ...	иза	íza
por detrás (vir ~)	отпозади	otpozádi
para trás	назад, унатраг	názad, unátrag
meio (m), metade (f)	средина (ж)	sredína
no meio	у средини	u sredíni
de lado	са стране	sa stráne
em todo lugar	свуда	svúda
ao redor (olhar ~)	око	óko
de dentro	изнутра	iznútra
para algum lugar	некуда	nékuda
diretamente	право	právo
de volta	назад	názad
de algum lugar	однекуд	ódnekud
de um lugar	однекуд	ódnekud
em primeiro lugar	прво	pŕvo
em segundo lugar	друго	drúgo
em terceiro lugar	треће	tréće
de repente	изненада	íznenada
no início	у почетку	u počétku
pela primeira vez	први пут	pŕvi put
muito antes de ...	много пре ...	mnógo pre ...
de novo, novamente	поново	pónovo
para sempre	заувек	záuvek
nunca	никад	níkad
de novo	опет	ópet
agora	сада	sáda
frequentemente	често	čésto
então	тада	táda
urgentemente	хитно	hítno
usualmente	обично	óbično
a propósito, ...	узгред, ...	úzgred, ...
é possível	могуће	móguće

provavelmente	вероватно	vérovatno
talvez	можда	móžda
além disso, …	осим тога …	ósim tóga …
por isso …	дакле …, због тога …	dákle …, zbog toga …
apesar de …	без обзира на …	bez óbzira na …
graças a …	захваљујући …	zahváljujući …
que (pron.)	шта	šta
que (conj.)	да	da
algo	нешто	néšto
alguma coisa	нешто	néšto
nada	ништа	níšta
quem	ко	ko
alguém (~ teve uma ideia …)	неко	néko
alguém	неко	néko
ninguém	нико	níko
para lugar nenhum	никуд	níkud
de ninguém	ничији	níčiji
de alguém	нечији	néčiji
tão	тако	táko
também (gostaria ~ de …)	такође	takóđe
também (~ eu)	такође	takóđe

18. Palavras funcionais. Advérbios. Parte 2

Porquê?	Зашто?	Zášto?
por alguma razão	из неког разлога	iz nékog rázloga
porque …	јер …, зато што …	jer …, záto što …
por qualquer razão	из неког разлога	iz nékog rázloga
e (tu ~ eu)	и	i
ou (ser ~ não ser)	или	íli
mas (porém)	али	áli
para (~ a minha mãe)	за	za
demasiado, muito	сувише, превише	súviše, préviše
só, somente	само	sámo
exatamente	тачно	táčno
cerca de (~ 10 kg)	око	óko
aproximadamente	приближно	príbližno
aproximado	приближан	príbližan
quase	скоро	skóro
resto (m)	остало (c)	óstalo
o outro (segundo)	други	drúgi
outro	други	drúgi
cada	свак	svak
qualquer	било који	bílo kóji
muito	много	mnógo
muitas pessoas	многи	mnógi

todos	сви	svi
em troca de …	у замену за …	u zámenu za …
em troca	у замену	u zámenu
à mão	ручно	rúčno
pouco provável	тешко да, једва да	téško da, jédva da
provavelmente	вероватно	vérovatno
de propósito	намерно	námerno
por acidente	случајно	slúčajno
muito	врло	vŕlo
por exemplo	на пример	na prímer
entre	између	ízmeđu
entre (no meio de)	међу	méđu
tanto	толико	tolíko
especialmente	нарочито	náročito

Conceitos básicos. Parte 2

19. Dias da semana

segunda-feira (f)	понедељак (м)	ponédeljak
terça-feira (f)	уторак (м)	útorak
quarta-feira (f)	среда (ж)	sréda
quinta-feira (f)	четвртак (м)	četvŕtak
sexta-feira (f)	петак (м)	pétak
sábado (m)	субота (ж)	súbota
domingo (m)	недеља (ж)	nédelja
hoje	данас	dánas
amanhã	сутра	sútra
depois de amanhã	прекосутра	prékosutra
ontem	јуче	júče
anteontem	прекјуче	prékjuče
dia (m)	дан (м)	dan
dia (m) de trabalho	радни дан (м)	rádni dan
feriado (m)	празничан дан (м)	prázničan dan
dia (m) de folga	слободан дан (м)	slóbodan dan
fim (m) de semana	викенд (м)	víkend
o dia todo	цео дан	céo dan
no dia seguinte	следећег дана, сутра	slédećeg dána, sútra
há dois dias	пре два дана	pre dva dána
na véspera	уочи	úoči
diário	свакодневан	svákodnevan
todos os dias	свакодневно	svákodnevno
semana (f)	недеља (ж)	nédelja
na semana passada	прошле недеље	próšle nédelje
na próxima semana	следеће недеље	slédeće nédelje
semanal	недељни	nédeljni
cada semana	недељно	nédeljno
duas vezes por semana	два пута недељно	dva púta nédeljno
cada terça-feira	сваког уторка	svákog útorka

20. Horas. Dia e noite

manhã (f)	јутро (с)	jútro
de manhã	ујутру	újutru
meio-dia (m)	подне (с)	pódne
à tarde	поподне	popódne
noite (f)	вече (с)	véče
à noite (noitinha)	увече	úveče

noite (f)	ноћ (ж)	noć
à noite	ноћу	noću
meia-noite (f)	поноћ (ж)	pónoć

segundo (m)	секунд (м)	sékund
minuto (m)	минут (ж)	mínut
hora (f)	сат (м)	sat
meia hora (f)	пола сата	póla sáta
quarto (m) de hora	четврт сата	čétvrt sáta
quinze minutos	петнаест минута	pétnaest minúta
vinte e quatro horas	двадесет четири сата	dvádeset čétiri sáta

nascer (m) do sol	излазак (м) сунца	ízlazak súnca
amanhecer (m)	свануће (с)	svanúće
madrugada (f)	рано јутро (с)	ráno jútro
pôr do sol (m)	залазак (м) сунца	zálazak súnca

de madrugada	рано ујутру	ráno újutru
hoje de manhã	јутрос	jútros
amanhã de manhã	сутра ујутру	sútra újutru

hoje à tarde	овог поподнева	óvog popódneva
à tarde	поподне	popódne
amanhã à tarde	сутра поподне	sútra popódne

hoje à noite	вечерас	večéras
amanhã à noite	сутра увече	sútra úveče

às três horas em ponto	тачно у три сата	táčno u tri sáta
por volta das quatro	око четири сата	óko čétiri sáta
às doze	до дванаест сати	do dvánaest sáti

dentro de vinte minutos	за двадесет минута	za dvádeset minúta
dentro duma hora	за сат времена	za sat vrémena
a tempo	навреме	návreme

menos um quarto	четвртина до	četvŕtina do
durante uma hora	за сат времена	za sat vrémena
a cada quinze minutos	сваких петнаест минута	svákih pétnaest minúta
as vinte e quatro horas	дан и ноћ	dan i noć

21. Meses. Estações

janeiro (m)	јануар (м)	jánuar
fevereiro (m)	фебруар (м)	fébruar
março (m)	март (м)	mart
abril (m)	април (м)	ápril
maio (m)	мај (м)	maj
junho (m)	јун, јуни (м)	jun, júni

julho (m)	јули (м)	júli
agosto (m)	август (м)	ávgust
setembro (m)	септембар (м)	séptembar
outubro (m)	октобар (м)	óktobar

novembro (m)	новембар (м)	nóvembar
dezembro (m)	децембар (м)	décembar
primavera (f)	пролеће (с)	próleće
na primavera	у пролеће	u próleće
primaveril	пролећни	prólećni
verão (m)	лето (с)	léto
no verão	лети	léti
de verão	летни	létni
outono (m)	јесен (ж)	jésen
no outono	у јесен	u jésen
outonal	јесењи	jésenji
inverno (m)	зима (ж)	zíma
no inverno	зими	zími
de inverno	зимски	zímski
mês (m)	месец (м)	mésec
este mês	овог месеца	óvog méseca
no próximo mês	следећег месеца	slédećeg méseca
no mês passado	прошлог месеца	próšlog méseca
há um mês	пре месец дана	pre mésec dána
dentro de um mês	за месец дана	za mésec dána
dentro de dois meses	за два месеца	za dva meséca
todo o mês	цео месец	céo mésec
um mês inteiro	цео месец	céo mésec
mensal	месечни	mésečni
mensalmente	месечно	mésečno
cada mês	сваког месеца	svákog méseca
duas vezes por mês	два пута месечно	dva púta mésečno
ano (m)	година (ж)	gódina
este ano	ове године	óve gódine
no próximo ano	следеће године	slédeće gódine
no ano passado	прошла година	próšla gódina
há um ano	пре годину дана	pre gódinu dána
dentro dum ano	за годину дана	za gódinu dána
dentro de 2 anos	за две године	za dve gódine
todo o ano	цела година	céla gódina
um ano inteiro	цела година	céla gódina
cada ano	сваке године	sváke gódine
anual	годишњи	gódišnji
anualmente	годишње	gódišnje
quatro vezes por ano	четири пута годишње	četiri púta gódišnje
data (~ de hoje)	датум (м)	dátum
data (ex. ~ de nascimento)	датум (м)	dátum
calendário (m)	календар (м)	kaléndar
meio ano	пола године	póla gódine
seis meses	полугодиште (с)	polugódište

estação (f)	сезона (ж)	sezóna
século (m)	век (м)	vek

22. Unidades de medida

peso (m)	тежина (ж)	težína
comprimento (m)	дужина (ж)	dužína
largura (f)	ширина (ж)	širína
altura (f)	висина (ж)	visína
profundidade (f)	дубина (ж)	dubína
volume (m)	запремина (ж)	zápremina
área (f)	површина (ж)	póvršina
grama (m)	грам (м)	gram
miligrama (m)	милиграм (м)	míligram
quilograma (m)	килограм (м)	kílogram
tonelada (f)	тона (ж)	tóna
libra (453,6 gramas)	фунта (ж)	fúnta
onça (f)	унца (ж)	únca
metro (m)	метар (м)	métar
milímetro (m)	милиметар (м)	mílimetar
centímetro (m)	сантиметар (м)	santimétar
quilómetro (m)	километар (м)	kílometar
milha (f)	миља (ж)	mílja
polegada (f)	палац (м)	pálac
pé (304,74 mm)	стопа (ж)	stópa
jarda (914,383 mm)	јард (м)	jard
metro (m) quadrado	квадратни метар (м)	kvádratni métar
hectare (m)	хектар (м)	héktar
litro (m)	литар (м)	lítar
grau (m)	степен (м)	stépen
volt (m)	волт (м)	volt
ampere (m)	ампер (м)	ámper
cavalo-vapor (m)	коњска снага (ж)	kónjska snága
quantidade (f)	количина (ж)	količína
um pouco de ...	мало ...	málo ...
metade (f)	половина (ж)	polóvina
dúzia (f)	туце (с)	túce
peça (f)	комад (м)	kómad
dimensão (f)	величина (ж)	velíčina
escala (f)	размер (м)	rázmer
mínimo	минималан	mínimalan
menor, mais pequeno	најмањи	nájmanji
médio	средњи	srédnji
máximo	максималан	máksimalan
maior, mais grande	највећи	nájveći

23. Recipientes

boião (m) de vidro	тегла (ж)	tégla
lata (~ de cerveja)	лименка (ж)	límenka
balde (m)	ведро (с)	védro
barril (m)	буре (с)	búre |//

bacia (~ de plástico)	лавор (м)	lávor
tanque (m)	резервоар (м)	rezervóar
cantil (m) de bolso	чутурица (ж)	čuturica
bidão (m) de gasolina	канта (ж) за гориво	kánta za górivo
cisterna (f)	цистерна (ж)	cistérna

caneca (f)	кригла (ж)	krígla
chávena (f)	шоља (ж)	šólja
pires (m)	тацна (ж)	tácna
copo (m)	чаша (ж)	čáša
taça (f) de vinho	чаша (ж) за вино	čáša za víno
panela, caçarola (f)	шерпа (ж), лонац (м)	šerpa, lónac

garrafa (f)	боца, флаша (ж)	bóca, fláša
gargalo (m)	врат (м)	vrat

jarro, garrafa (f)	бокал (м)	bókal
jarro (m) de barro	крчаг (м)	kŕčag
recipiente (m)	суд (м)	sud
pote (m)	лонац (м)	lónac
vaso (m)	ваза (ж)	váza

frasco (~ de perfume)	боца (ж)	bóca
frasquinho (ex. ~ de iodo)	бочица (ж)	bóčica
tubo (~ de pasta dentífrica)	туба (ж)	túba

saca (ex. ~ de açúcar)	џак (м)	džak
saco (~ de plástico)	кеса (ж)	késa
maço (m)	паковање (с)	pákovanje

caixa (~ de sapatos, etc.)	кутија (ж)	kútija
caixa (~ de madeira)	сандук (м)	sánduk
cesta (f)	корпа (ж)	kórpa

O SER HUMANO

O ser humano. O corpo

24. Cabeça

cabeça (f)	глава (ж)	gláva
cara (f)	лице (с)	líce
nariz (m)	нос (м)	nos
boca (f)	уста (мн)	ústa
olho (m)	око (с)	óko
olhos (m pl)	очи (мн)	óči
pupila (f)	зеница (ж)	zénica
sobrancelha (f)	обрва (ж)	óbrva
pestana (f)	трепавица (ж)	trépavica
pálpebra (f)	капак (м), beђa (ж)	kápak, véđa
língua (f)	језик (м)	jézik
dente (m)	зуб (м)	zub
lábios (m pl)	усне (мн)	úsne
maçãs (f pl) do rosto	јагодице (мн)	jágodice
gengiva (f)	десни (мн)	désni
palato (m)	непце (с)	népce
narinas (f pl)	ноздрве (мн)	nózdrve
queixo (m)	брада (ж)	bráda
mandíbula (f)	вилица (ж)	vílica
bochecha (f)	образ (м)	óbraz
testa (f)	чело (с)	čélo
têmpora (f)	слепоочница (ж)	slepoóčnica
orelha (f)	ухо (с)	úho
nuca (f)	потиљак (м)	pótiljak
pescoço (m)	врат (м)	vrat
garganta (f)	грло (с)	gŕlo
cabelos (m pl)	коса (ж)	kósa
penteado (m)	фризура (ж)	frizúra
corte (m) de cabelo	фризура (ж)	frizúra
peruca (f)	перика (ж)	périka
bigode (m)	бркови (мн)	bŕkovi
barba (f)	брада (ж)	bráda
usar, ter (~ barba, etc.)	носити (пг)	nósiti
trança (f)	плетеница (ж)	pleténica
suíças (f pl)	зулуфи (мн)	zulúfi
ruivo	риђ	riđ
grisalho	сед	sed

calvo	ћелав	ćelav
calva (f)	ћела (ж)	ćéla |//
rabo-de-cavalo (m)	реп (м)	rep
franja (f)	шишке (мн)	šíške

25. Corpo humano

mão (f)	шака (ж)	šáka
braço (m)	рука (ж)	rúka |//
dedo (m)	прст (м)	pŕst
dedo (m) do pé	ножни прст (м)	nóžni pŕst
polegar (m)	палац (м)	pálac
dedo (m) mindinho	мали прст (м)	máli pŕst
unha (f)	нокат (м)	nókat |//
punho (m)	песница (ж)	pésnica
palma (f) da mão	длан (м)	dlan
pulso (m)	зглоб (м), запешће (с)	zglob, zápešće
antebraço (m)	подлактица (ж)	pódlaktica
cotovelo (m)	лакат (м)	lákat
ombro (m)	раме (с)	ráme |//
perna (f)	нога (ж)	nóga
pé (m)	стопало (с)	stópalo
joelho (m)	колено (с)	kóleno
barriga (f) da perna	лист (м)	list
anca (f)	кук (м)	kuk
calcanhar (m)	пета (ж)	péta |//
corpo (m)	тело (с)	télo
barriga (f)	трбух (м)	tŕbuh
peito (m)	прса (мн)	pŕsa
seio (m)	груди (мн)	grúdi
lado (m)	бок (м)	bok
costas (f pl)	леђа (мн)	léđa
região (f) lombar	крста (ж)	kŕsta
cintura (f)	струк (м)	struk |//
umbigo (m)	пупак (м)	púpak
nádegas (f pl)	стражњица (ж)	strážnjica
traseiro (m)	задњица (ж)	zádnjica |//
sinal (m)	младеж (м)	mládež
sinal (m) de nascença	белег, младеж (м)	béleg, mládež
tatuagem (f)	тетоважа (ж)	tetováža
cicatriz (f)	ожиљак (м)	óžiljak

Vestuário & Acessórios

26. Roupa exterior. Casacos

roupa (f)	одећа (ж)	ódeća
roupa (f) exterior	горња одећа (ж)	górnja ódeća
roupa (f) de inverno	зимска одећа (ж)	zímska ódeća
sobretudo (m)	капут (м)	káput
casaco (m) de peles	бунда (ж)	búnda
casaco curto (m) de peles	кратка бунда (ж)	krátka búnda
casaco (m) acolchoado	перјана јакна (ж)	pérjana jákna
casaco, blusão (m)	јакна (ж)	jákna
impermeável (m)	кишни мантил (м)	kíšni mántil
impermeável	водоотпоран	vodoótporan

27. Vestuário de homem & mulher

camisa (f)	кошуља (ж)	kóšulja
calças (f pl)	панталоне (мн)	pantalóne
calças (f pl) de ganga	фармерке (мн)	fármerke
casaco (m) de fato	сако (м)	sáko
fato (m)	одело (с)	odélo
vestido (ex. ~ vermelho)	хаљина (ж)	háljina
saia (f)	сукња (ж)	súknja
blusa (f)	блуза (ж)	blúza
casaco (m) de malha	џемпер (м)	džémper
casaco, blazer (m)	жакет (м)	žáket
T-shirt, camiseta (f)	мајица (ж)	májica
calções (Bermudas, etc.)	шорц, шортс (м)	šorc, šorts
fato (m) de treino	спортски костим (м)	spórtski kóstim
roupão (m) de banho	баде мантил (м)	báde mántil
pijama (m)	пиџама (ж)	pidžáma
suéter (m)	џемпер (м)	džémper
pulôver (m)	пуловер (м)	pulóver
colete (m)	прслук (м)	pŕsluk
fraque (m)	фрак (м)	frak
smoking (m)	смокинг (м)	smóking
uniforme (m)	униформа (ж)	úniforma
roupa (f) de trabalho	радна одећа (ж)	rádna ódeća
fato-macaco (m)	комбинезон (м)	kombinézon
bata (~ branca, etc.)	мантил (м)	mántil

28. Vestuário. Roupa interior

roupa (f) interior	доње рубље (c)	dónje rúblje
cuecas boxer (f pl)	мушке гаће (мн)	múške gáće
cuecas (f pl)	гаћице (мн)	gáćice
camisola (f) interior	мајица (ж)	májica
peúgas (f pl)	чарапе (мн)	čárape
camisa (f) de noite	спаваћица (ж)	spavaćica
sutiã (m)	грудњак (м)	grúdnjak
meias longas (f pl)	доколенице (мн)	dokolénice
meia-calça (f)	хулахопке (мн)	húlahopke
meias (f pl)	чарапе (мн)	čárape
fato (m) de banho	купаћи костим (м)	kúpaći kóstim

29. Adereços de cabeça

chapéu (m)	капа (ж)	kápa
chapéu (m) de feltro	шешир (м)	šéšir
boné (m) de beisebol	бејзбол качкет (м)	béjzbol káčket
boné (m)	енглеска капа (ж), качкет (м)	éngleska kápa, káčket
boina (f)	берета, беретка (ж)	beréta, beretka
capuz (m)	капуљача (ж)	kapúljača
panamá (m)	панама-шешир (м)	panáma-šéšir
gorro (m) de malha	плетена капа (ж)	plétena kápa
lenço (m)	марама (ж)	márama
chapéu (m) de mulher	женски шешир (м)	žénski šéšir
capacete (m) de proteção	кацига (ж), шлем (м)	káciga, šlem
bibico (m)	титовка (ж)	títovka
capacete (m)	шлем (м)	šlem
chapéu-coco (m)	полуцилиндар (м)	pólucilindar
chapéu (m) alto	цилиндар (м)	cilíndar

30. Calçado

calçado (m)	обућа (ж)	óbuća
botinas (f pl)	ципеле (мн)	cípele
sapatos (de salto alto, etc.)	ципеле (мн)	cípele
botas (f pl)	чизме (мн)	čízme
pantufas (f pl)	папуче (мн)	pápuče
ténis (m pl)	патике (мн)	pátike
sapatilhas (f pl)	патике (мн)	pátike
sandálias (f pl)	сандале (мн)	sandále
sapateiro (m)	обућар (м)	óbućar
salto (m)	потпетица (ж)	pótpetica

par (m)	пар (м)	par
atacador (m)	пертла (ж)	pértla
apertar os atacadores	шнирати (пг)	šnírati
calçadeira (f)	кашика (ж) за ципеле	kášika za cípele
graxa (f) para calçado	крема (ж) за обућу	kréma za óbuću

31. Acessórios pessoais

luvas (f pl)	рукавице (мн)	rukávice
mitenes (f pl)	рукавице (мн) с једним прстом	rukávice s jednim prstom
cachecol (m)	шал (м)	šal
óculos (m pl)	наочаре (мн)	náočare
armação (f) de óculos	оквир (м)	ókvir
guarda-chuva (m)	кишобран (м)	kíšobran
bengala (f)	штап (м)	štap
escova (f) para o cabelo	четка (ж) за косу	čétka za kósu
leque (m)	лепеза (ж)	lepéza
gravata (f)	кравата (ж)	kraváta
gravata-borboleta (f)	лептир машна (ж)	léptir mášna
suspensórios (m pl)	трегери (мн)	trégeri
lenço (m)	џепна марамица (ж)	džépna máramica
pente (m)	чешаљ (м)	čéšalj
travessão (m)	шнала (ж)	šnála
gancho (m) de cabelo	укосница (ж)	úkosnica
fivela (f)	копча (ж)	kópča
cinto (m)	каиш (м)	káiš
correia (f)	каиш (м)	káiš
mala (f)	торба (ж)	tórba
mala (f) de senhora	ташна (ж)	tášna
mochila (f)	ранац (м)	ránac

32. Vestuário. Diversos

moda (f)	мода (ж)	móda
na moda	модеран	móderan
estilista (m)	модни креатор (м)	módni kreátor
colarinho (m), gola (f)	овратник (м)	óvratnik
bolso (m)	џеп (м)	džep
de bolso	џепни	džépni
manga (f)	рукав (м)	rúkav
alcinha (f)	вешалица (ж)	véšalica
braguilha (f)	шлиц (м)	šlic
fecho (m) de correr	рајсфершлус (м)	rájsferšlus
fecho (m), colchete (m)	копча (ж)	kópča

botão (m)	дугме (с)	dúgme
casa (f) de botão	рупица (ж)	rúpica
soltar-se (vr)	откинути се	ótkinuti se

coser, costurar (vi)	шити (нг, пг)	šíti
bordar (vt)	вести (нг, пг)	vésti
bordado (m)	вез (м)	vez
agulha (f)	игла (ж)	ígla
fio (m)	конац (м)	kónac
costura (f)	шав (м)	šav

sujar-se (vr)	испрљати се	ispŕljati se
mancha (f)	мрља (ж)	mŕlja
engelhar-se (vr)	изгужвати се	izgúžvati se
rasgar (vt)	цепати (пг)	cépati
traça (f)	мољац (м)	móljac

33. Cuidados pessoais. Cosméticos

pasta (f) de dentes	паста (ж) за зубе	pásta za zúbe
escova (f) de dentes	четкица (ж) за зубе	čétkica za zúbe
escovar os dentes	прати зубе	práti zúbe

máquina (f) de barbear	бријач (м)	bríjač
creme (m) de barbear	крема (ж) за бријање	kréma za bríjanje
barbear-se (vr)	бријати се	bríjati se

sabonete (m)	сапун (м)	sápun
champô (m)	шампон (м)	šámpon

tesoura (f)	маказе (мн)	mákaze
lima (f) de unhas	турпија (ж) за нокте	túrpija za nokte
corta-unhas (m)	грицкалица (ж) за нокте	gríckalica za nókte
pinça (f)	пинцета (ж)	pincéta

cosméticos (m pl)	козметика (ж)	kozmétika
máscara (f) facial	маска (ж)	máska
manicura (f)	маникир (м)	mánikir
fazer a manicura	радити маникир	ráditi mánikir
pedicure (f)	педикир (м)	pédikir

mala (f) de maquilhagem	козметичка торбица (ж)	kozmétička tórbica
pó (m)	пудер (м)	púder
caixa (f) de pó	пудријера (ж)	pudrijéra
blush (m)	руменило (с)	ruménilo

perfume (m)	парфем (м)	párfem
água (f) de toilette	тоалетна вода (ж)	tóaletna vóda
loção (f)	лосион (м)	lósion
água-de-colónia (f)	колоњска вода (ж)	kólonjska vóda

sombra (f) de olhos	сенка (ж) за очи	sénka za óči
lápis (m) delineador	оловка (ж) за очи	ólovka za óči
máscara (f), rímel (m)	маскара (ж)	máskara

batom (m)	кармин (м)	kármin
verniz (m) de unhas	лак (м) за нокте	lak za nókte
laca (f) para cabelos	лак (м) за косу	lak za kósu
desodorizante (m)	дезодоранс (м)	dezodórans
creme (m)	крема (ж)	kréma
creme (m) de rosto	крема (ж) за лице	kréma za líce
creme (m) de mãos	крема (ж) за руке	kréma za rúke
creme (m) antirrugas	крема (ж) против бора	kréma prótiv bóra
creme (m) de dia	дневна крема (ж)	dnévna kréma
creme (m) de noite	ноћна крема (ж)	nóćna kréma
de dia	дневни	dnévni
da noite	ноћни	nóćni
tampão (m)	тампон (м)	támpon
papel (m) higiénico	тоалет-папир (м)	toálet-pápir
secador (m) elétrico	фен (м)	fen

34. Relógios de pulso. Relógios

relógio (m) de pulso	сат (м)	sat
mostrador (m)	бројчаник (м)	brojčánik
ponteiro (m)	казаљка (ж)	kázaljka
bracelete (f) em aço	наруквица (ж)	nárukvica
bracelete (f) em couro	каиш (м) за сат	káiš za sat
pilha (f)	батерија (ж)	báterija
descarregar-se	испразнити се	isprázniti se
trocar a pilha	заменити батерију	zaméniti batériju
estar adiantado	журити (нг)	žúriti
estar atrasado	заостајати (нг)	zaóstajati
relógio (m) de parede	зидни сат (м)	zídni sat
ampulheta (f)	пешчани сат (м)	péščani sat
relógio (m) de sol	сунчани сат (м)	súnčani sat
despertador (m)	будилник (м)	búdilnik
relojoeiro (m)	часовничар (м)	čásovničar
reparar (vt)	поправљати (пг)	pópravljati

Alimentação. Nutrição

35. Comida

carne (f)	месо (с)	méso
galinha (f)	пилетина, кокош (ж)	píletina, kokoš
frango (m)	пиле (с)	píle
pato (m)	патка (ж)	pátka
ganso (m)	гуска (ж)	gúska
caça (f)	дивљач (ж)	dívljač
peru (m)	ћуретина (ж)	ćurétina
carne (f) de porco	свињетина (ж)	svínjetina
carne (f) de vitela	телетина (ж)	téletina
carne (f) de carneiro	јагњетина (ж)	jágnjetina
carne (f) de vaca	говедина (ж)	góvedina
carne (f) de coelho	зец (м)	zec
chouriço, salsichão (m)	кобасица (ж)	kobásica
salsicha (f)	виршла (ж)	víršla
bacon (m)	сланина (ж)	slánina
fiambre (f)	шунка (ж)	šúnka
presunto (m)	шунка (ж)	šúnka
patê (m)	паштета (ж)	paštéta
fígado (m)	џигерица (ж)	džígerica
carne (f) moída	млевено месо (с)	mléveno méso
língua (f)	језик (м)	jézik
ovo (m)	јаје (с)	jáje
ovos (m pl)	јаја (мн)	jája
clara (f) do ovo	беланце (с)	belánce
gema (f) do ovo	жуманце (с)	žumánce
peixe (m)	риба (ж)	ríba
mariscos (m pl)	морски плодови (мн)	mórski plódovi
crustáceos (m pl)	ракови (мн)	rákovi
caviar (m)	кавијар (м)	kávijar
caranguejo (m)	краба (ж)	krába
camarão (m)	шкамп (м)	škamp
ostra (f)	острига (ж)	óstriga
lagosta (f)	јастог (м)	jástog
polvo (m)	хоботница (ж)	hóbotnica
lula (f)	лигња (ж)	lígnja
esturjão (m)	јесетра (ж)	jésetra
salmão (m)	лосос (м)	lósos
halibute (m)	пацифички лист (м)	pacífički list
bacalhau (m)	бакалар (м)	bakálar

cavala, sarda (f)	скуша (ж)	skúša
atum (m)	туњевина (ж)	túnjevina
enguia (f)	јегуља (ж)	jégulja
truta (f)	пастрмка (ж)	pástrmka
sardinha (f)	сардина (ж)	sardína
lúcio (m)	штука (ж)	štúka
arenque (m)	харинга (ж)	háringa
pão (m)	хлеб (м)	hleb
queijo (m)	сир (м)	sir
açúcar (m)	шећер (м)	šéćer
sal (m)	со (ж)	so
arroz (m)	пиринач (м)	pírinač
massas (f pl)	макарони (мн)	mákaroni
talharim (m)	резанци (мн)	rezánci
manteiga (f)	маслац (м)	máslac
óleo (m) vegetal	зејтин (м)	zéjtin
óleo (m) de girassol	сунцокретово уље (с)	súncokretovo úlje
margarina (f)	маргарин (м)	margárin
azeitonas (f pl)	маслине (мн)	másline
azeite (m)	маслиново уље (с)	máslinovo úlje
leite (m)	млеко (с)	mléko
leite (m) condensado	кондензовано млеко (с)	kondenzóvano mléko
iogurte (m)	јогурт (м)	jógurt
nata (f) azeda	кисела павлака (ж)	kísela pávlaka
nata (f) do leite	павлака (ж)	pávlaka
maionese (f)	мајонез (м), мајонеза (ж)	majonéz, majonéza
creme (m)	крем (м)	krem
grãos (m pl) de cereais	житарице (мн)	žitárice
farinha (f)	брашно (с)	brášno
enlatados (m pl)	конзерве (мн)	konzérve
flocos (m pl) de milho	кукурузне пахуљице (мн)	kukúruzne pahúljice
mel (m)	мед (м)	med
doce (m)	џем (м), мармелада (ж)	džem, marmeláda
pastilha (f) elástica	гума (ж) за жвакање	gúma za žvákanje

36. Bebidas

água (f)	вода (ж)	vóda
água (f) potável	питка вода (ж)	pítka vóda
água (f) mineral	кисела вода (ж)	kísela vóda
sem gás	негазиран	negazíran
gaseificada	газиран	gazíran
com gás	газиран	gazíran
gelo (m)	лед (м)	led

com gelo	са ледом	sa lédom
sem álcool	безалкохолан	bézalkoholan
bebida (f) sem álcool	безалкохолно пиће (c)	bézalkoholno píće
refresco (m)	освежавајући напитак (м)	osvežávajući nápitak
limonada (f)	лимунада (ж)	limunáda
bebidas (f pl) alcoólicas	алкохолна пића (мн)	álkoholna píća
vinho (m)	вино (c)	víno
vinho (m) branco	бело вино (c)	bélo víno
vinho (m) tinto	црно вино (c)	cŕno víno
licor (m)	ликер (м)	líker
champanhe (m)	шампањац (м)	šampánjac
vermute (m)	вермут (м)	vérmut
uísque (m)	виски (м)	víski
vodka (f)	вотка (ж)	vótka
gim (m)	џин (м)	džin
conhaque (m)	коњак (м)	kónjak
rum (m)	рум (м)	rum
café (m)	кафа (ж)	káfa
café (m) puro	црна кафа (ж)	cŕna káfa
café (м) com leite	кафа (ж) са млеком	káfa sa mlékom
cappuccino (m)	капучино (м)	kapučíno
café (m) solúvel	инстант кафа (ж)	ínstant káfa
leite (m)	млеко (c)	mléko
coquetel (m)	коктел (м)	kóktel
batido (m) de leite	милкшејк (м)	mílkšejk
sumo (m)	сок (м)	sok
sumo (m) de tomate	сок (м) од парадајза	sok od parádajza
sumo (m) de laranja	сок (м) од наранџе	sok od nárandže
sumo (m) fresco	свеже цеђени сок (м)	svéže céđeni sok
cerveja (f)	пиво (c)	pívo
cerveja (f) clara	светло пиво (c)	svétlo pívo
cerveja (f) preta	тамно пиво (c)	támno pívo
chá (m)	чај (м)	čaj
chá (m) preto	црни чај (м)	cŕni čaj
chá (m) verde	зелени чај (м)	zéleni čaj

37. Vegetais

legumes (m pl)	поврће (c)	póvrće
verduras (f pl)	зелен (ж)	zélen
tomate (m)	парадајз (м)	parádajz
pepino (m)	краставац (м)	krástavac
cenoura (f)	шаргарепа (ж)	šargarépa
batata (f)	кромпир (м)	krómpir
cebola (f)	црни лук (м)	cŕni luk

alho (m)	бели лук (м)	béli luk
couve (f)	купус (м)	kúpus
couve-flor (f)	карфиол (м)	karfíol
couve-de-bruxelas (f)	прокељ (м)	prókelj
brócolos (m pl)	брокуле (мн)	brókule
beterraba (f)	цвекла (ж)	cvékla
beringela (f)	патлиџан (м)	patlidžán
curgete (f)	тиквица (ж)	tíkvica
abóbora (f)	тиква (ж)	tíkva
nabo (m)	репа (ж)	répa
salsa (f)	першун (м)	péršun
funcho, endro (m)	мироћија (ж)	miróđija
alface (f)	зелена салата (ж)	zélena saláta
aipo (m)	целер (м)	céler
espargo (m)	шпаргла (ж)	špárgla
espinafre (m)	спанаћ (м)	spánać
ervilha (f)	грашак (м)	grášak
fava (f)	махунарке (мн)	mahúnarke
milho (m)	кукуруз (м)	kukúruz
feijão (m)	пасуљ (м)	pásulj
pimentão (m)	паприка (ж)	páprika
rabanete (m)	ротквица (ж)	rótkvica
alcachofra (f)	артичока (ж)	artičóka

38. Frutos. Nozes

fruta (f)	воће (с)	vóće
maçã (f)	јабука (ж)	jábuka
pera (f)	крушка (ж)	krúška
limão (m)	лимун (м)	límun
laranja (f)	наранџа (ж)	nárandža
morango (m)	јагода (ж)	jágoda
tangerina (f)	мандарина (ж)	mandarína
ameixa (f)	шљива (ж)	šljíva
pêssego (m)	бресква (ж)	bréskva
damasco (m)	кајсија (ж)	kájsija
framboesa (f)	малина (ж)	málina
ananás (m)	ананас (м)	ánanas
banana (f)	банана (ж)	banána
melancia (f)	лубеница (ж)	lubénica
uva (f)	грожђе (с)	gróžđe
ginja (f)	вишња (ж)	víšnja
cereja (f)	трешња (ж)	tréšnja
meloa (f)	диња (ж)	dínja
toranja (f)	грејпфрут (м)	gréjpfrut
abacate (m)	авокадо (м)	avokádo
papaia (f)	папаја (ж)	papája

manga (f)	манго (м)	mángo
romã (f)	нар (м)	nar

groselha (f) vermelha	црвена рибизла (ж)	crvéna ríbizla
groselha (f) preta	црна рибизла (ж)	cŕna ríbizla
groselha (f) espinhosa	огрозд (м)	ógrozd
mirtilo (m)	боровница (ж)	boróvnica
amora silvestre (f)	купина (ж)	kupína

uvas (f pl) passas	суво грожђе (с)	súvo gróžđe
figo (m)	смоква (ж)	smókva
tâmara (f)	урма (ж)	úrma

amendoim (m)	кикирики (м)	kikiríki
amêndoa (f)	бадем (м)	bádem
noz (f)	орах (м)	órah
avelã (f)	лешник (м)	léšnik
coco (m)	кокосов орах (м)	kókosov órah
pistáchios (m pl)	пистаћи (мн)	pistáći

39. Pão. Bolaria

pastelaria (f)	посластице (мн)	póslastice
pão (m)	хлеб (м)	hleb
bolacha (f)	колачић (м)	koláčić

chocolate (m)	чоколада (ж)	čokoláda
de chocolate	чоколадни	čókoladni
rebuçado (m)	бомбона (ж)	bombóna
bolo (cupcake, etc.)	колач (м)	kólač
bolo (m) de aniversário	торта (ж)	tórta

tarte (~ de maçã)	пита (ж)	píta
recheio (m)	надев (м)	nádev

doce (m)	слатко (с)	slátko
geleia (f) de frutas	мармелада (ж)	marmeláda
waffle (m)	облатне (мн)	óblatne
gelado (m)	сладолед (м)	sládoled
pudim (m)	пудинг (м)	púding

40. Pratos cozinhados

prato (m)	јело (с)	jélo
cozinha (~ portuguesa)	кухиња (ж)	kúhinja
receita (f)	рецепт (м)	récept
porção (f)	порција (ж)	pórcija

salada (f)	салата (ж)	saláta
sopa (f)	супа (ж)	súpa
caldo (m)	бујон (м)	búljon
sandes (f)	сендвич (м)	séndvič

ovos (m pl) estrelados	пржена јаја (мн)	pŕžena jája
hambúrguer (m)	хамбургер (м)	hámburger
bife (m)	бифтек (м)	bíftek

conduto (m)	прилог (м)	prílog
espaguete (m)	шпагете (мн)	špagéte
puré (m) de batata	кромпир пире (м)	krómpir píre
pizza (f)	пица (ж)	píca
papa (f)	каша (ж)	káša
omelete (f)	омлет (м)	ómlet

cozido em água	кувани	kúvani
fumado	димљени	dímljeni
frito	пржени	pŕženi
seco	сув	suv
congelado	замрзнут	zámrznut
em conserva	маринирани	marinírani

doce (açucarado)	сладак	sládak
salgado	слан	slan
frio	хладан	hládan
quente	врућ	vruć
amargo	горак	górak
gostoso	укусан	úkusan

cozinhar (em água a ferver)	барити (пг)	báriti
fazer, preparar (vt)	кувати (пг)	kúvati
fritar (vt)	пржити (пг)	pŕžiti
aquecer (vt)	подгревати (пг)	podgrévati

salgar (vt)	солити (пг)	sóliti
apimentar (vt)	биберити (пг)	bíberiti
ralar (vt)	рендати (пг)	réndati
casca (f)	кора (ж)	kóra
descascar (vt)	љуштити (пг)	ljúštiti

41. Especiarias

sal (m)	со (ж)	so
salgado	слан	slan
salgar (vt)	солити (пг)	sóliti

pimenta (f) preta	црни бибер (м)	cŕni bíber
pimenta (f) vermelha	црвени бибер (м)	cŕveni bíber
mostarda (f)	сенф (м)	senf
raiz-forte (f)	рен, хрен (м)	ren, hren

condimento (m)	зачин (м)	záčin
especiaria (f)	зачин (м)	záčin
molho (m)	сос (м)	sos
vinagre (m)	сирће (с)	sírće

anis (m)	анис (м)	ánis
manjericão (m)	босиљак (м)	bósiljak

cravo (m)	каранфил (м)	karánfil
gengibre (m)	ђумбир (м)	đúmbir
coentro (m)	коријандер (м)	korijánder
canela (f)	цимет (м)	címet
sésamo (m)	сусам (м)	súsam
folhas (f pl) de louro	ловор (м)	lóvor
páprica (f)	паприка (ж)	páprika
cominho (m)	ким (м)	kim
açafrão (m)	шафран (м)	šáfran

42. Refeições

comida (f)	храна (ж)	hrána
comer (vt)	јести (нг, пг)	jésti
pequeno-almoço (m)	доручак (м)	dóručak
tomar o pequeno-almoço	доручковати (нг)	dóručkovati
almoço (m)	ручак (м)	rúčak
almoçar (vi)	ручати (нг)	rúčati
jantar (m)	вечера (ж)	véčera
jantar (vi)	вечерати (нг)	véčerati
apetite (m)	апетит (м)	apétit
Bom apetite!	Пријатно!	Príjatno!
abrir (~ uma lata, etc.)	отварати (пг)	otvárati
derramar (vt)	пролити (пг)	próliti
derramar-se (vr)	пролити се	próliti se
ferver (vi)	кључати (нг)	kljúčati
ferver (vt)	кључати (пг)	kljúčati
fervido	кувани	kúvani
arrefecer (vt)	охладити (пг)	ohláditi
arrefecer-se (vr)	охлађивати се	ohlađívati se
sabor, gosto (m)	укус (м)	úkus
gostinho (m)	укус (м)	úkus
fazer dieta	смршати (нг)	smŕšati
dieta (f)	дијета (ж)	dijéta
vitamina (f)	витамин (м)	vitámin
caloria (f)	калорија (ж)	kalórija
vegetariano (m)	вегетеријанац (м)	vegetarijánac
vegetariano	вегетеријански	vegetaríjanski
gorduras (f pl)	масти (мн)	másti
proteínas (f pl)	беланчевине (мн)	belánčevine
carboidratos (m pl)	угљени хидрати (мн)	úgljeni hidráti
fatia (~ de limão, etc.)	парче (с)	párče
pedaço (~ de bolo)	комад (м)	kómad
migalha (f)	мрва (ж)	mŕva

43. Por a mesa

colher (f)	кашика (ж)	kášika
faca (f)	нож (м)	nož
garfo (m)	виљушка (ж)	víljuška
chávena (f)	шоља (ж)	šólja
prato (m)	тањир (м)	tánjir
pires (m)	тацна (ж)	tácna
guardanapo (m)	салвета (ж)	salvéta
palito (m)	чачкалица (ж)	čáčkalica

44. Restaurante

restaurante (m)	ресторан (м)	restóran
café (m)	кафић (м), кафана (ж)	káfić, kafána
bar (m), cervejaria (f)	бар (м)	bar
salão (m) de chá	чајџиница (ж)	čájdžinica
empregado (m) de mesa	конобар (м)	kónobar
empregada (f) de mesa	конобарица (ж)	konobárica
barman (m)	бармен (м)	bármen
ementa (f)	јеловник (м)	jélovnik
lista (f) de vinhos	винска карта (ж)	vínska kárta
reservar uma mesa	резервисати сто	rezervísati sto
prato (m)	јело (с)	jélo
pedir (vt)	наручити (пг)	narúčiti
fazer o pedido	наручити	narúčiti
aperitivo (m)	аперитив (м)	áperitiv
entrada (f)	предјело (с)	prédjelo
sobremesa (f)	десерт (м)	désert
conta (f)	рачун (м)	ráčun
pagar a conta	платити рачун	plátiti ráčun
dar o troco	вратити кусур	vrátiti kúsur
gorjeta (f)	бакшиш (м)	bákšiš

Família, parentes e amigos

45. Informação pessoal. Formulários

nome (m)	име (c)	íme
apelido (m)	презиме (c)	prézime
data (f) de nascimento	датум (м) рођења	dátum rođénja
local (m) de nascimento	место (c) рођења	mésto rođénja
nacionalidade (f)	националност (ж)	nacionálnost
lugar (m) de residência	пребивалиште (c)	prébivalište
país (m)	земља (ж)	zémlja
profissão (f)	професија (ж)	profésija
sexo (m)	пол (м)	pol
estatura (f)	раст (м)	rast
peso (m)	тежина (ж)	težína

46. Membros da família. Parentes

mãe (f)	мајка (ж)	májka
pai (m)	отац (м)	ótac
filho (m)	син (м)	sin
filha (f)	кћи (ж)	kći
filha (f) mais nova	млађа кћи (ж)	mláđa kći
filho (m) mais novo	млађи син (м)	mláđi sin
filha (f) mais velha	најстарија кћи (ж)	nájstarija kći
filho (m) mais velho	најстарији син (м)	nájstariji sin
irmão (m)	брат (м)	brat
irmão (m) mais velho	старији брат (м)	stáriji brat
irmão (m) mais novo	млађи брат (м)	mláđi brat
irmã (f)	сестра (ж)	séstra
irmã (f) mais velha	старија сестра (ж)	stárija séstra
irmã (f) mais nova	млађа сестра (ж)	mláđa séstra
primo (m)	рођак (м)	róđak
prima (f)	рођака (ж)	róđaka
mamã (f)	мама (ж)	máma
papá (m)	тата (м)	táta
pais (pl)	родитељи (мн)	róditelji
criança (f)	дете (c)	déte
crianças (f pl)	деца (мн)	déca
avó (f)	бака (ж)	báka
avô (m)	деда (м)	déda
neto (m)	унук (м)	únuk

neta (f)	унука (ж)	únuka
netos (pl)	унуци (мн)	únuci

tio (m)	ујак, стриц (м)	újak, stric
tia (f)	ујна, стрина (ж)	újna, strína
sobrinho (m)	нећак, сестрић (м)	néćak, séstrić
sobrinha (f)	нећакиња, сестричина (ж)	néćakinja, séstričina

sogra (f)	ташта (ж)	tášta
sogro (m)	свекар (м)	svékar
genro (m)	зет (м)	zet
madrasta (f)	маћеха (ж)	máćeha
padrasto (m)	очух (м)	óćuh

criança (f) de colo	беба (ж)	béba
bebé (m)	беба (ж)	béba
menino (m)	мало дете (с), беба (ж)	málo déte, béba

mulher (f)	жена (ж)	žéna
marido (m)	муж (м)	muž
esposo (m)	супруг (м)	súprug
esposa (f)	супруга (ж)	súpruga

casado	ожењен	óženjen
casada	удата	údata
solteiro	неожењен	neóženjen
solteirão (m)	нежења (м)	néženja
divorciado	разведен	razvéden
viúva (f)	удовица (ж)	udóvica
viúvo (m)	удовац (м)	údovac

parente (m)	рођак (м)	róđak
parente (m) próximo	блиски рођак (м)	blíski róđak
parente (m) distante	даљи рођак (м)	dálji róđak
parentes (m pl)	рођаци (мн)	róđaci

órfão (m), órfã (f)	сироче (с)	siróče
tutor (m)	старатељ (м)	stáratelj
adotar (um filho)	усвојити (пг)	usvójiti
adotar (uma filha)	усвојити (пг)	usvójiti

Medicina

47. Doenças

doença (f)	болест (ж)	bólest
estar doente	боловати (нг)	bolóvati
saúde (f)	здравље (с)	zdrávlje

nariz (m) a escorrer	кијавица (ж)	kíjavica
amigdalite (f)	ангина (ж)	angína
constipação (f)	прехлада (ж)	préhlada
constipar-se (vr)	прехладити се	prehláditi se

bronquite (f)	бронхитис (м)	bronhítis
pneumonia (f)	упала (ж) плућа	úpala plúća
gripe (f)	грип (м)	grip

míope	кратковид	kratkóvid
presbita	далековид	dalekóvid
estrabismo (m)	разрокост (ж)	rázrokost
estrábico	разрок	rázrok
catarata (f)	катаракта (ж)	katarákta
glaucoma (m)	глауком (м)	gláukom

AVC (m), apoplexia (f)	мождани удар (м)	móždani údar
ataque (m) cardíaco	инфаркт (м)	ínfarkt
enfarte (m) do miocárdio	инфаркт (м) миокарда	ínfarkt míokarda
paralisia (f)	парализа (ж)	paralíza
paralisar (vt)	парализовати (пг)	parálizovati

alergia (f)	алергија (ж)	alérgija
asma (f)	астма (ж)	ástma
diabetes (f)	дијабетес (м)	dijabétes

dor (f) de dentes	зубобоља (ж)	zubóbolja
cárie (f)	каријес (м)	kárijes

diarreia (f)	дијареја (ж), пролив (м)	dijaréja, próliv
prisão (f) de ventre	затвор (м)	zátvor
desarranjo (m) intestinal	лоша пробава (ж)	lóša próbava
intoxicação (f) alimentar	тровање (с)	tróvanje
intoxicar-se	отровати се	otróvati se

artrite (f)	артритис (м)	artrítis
raquitismo (m)	рахитис (м)	rahítis
reumatismo (m)	реуматизам (м)	reumatízam
arteriosclerose (f)	атеросклероза (ж)	ateroskleróza

gastrite (f)	гастритис (м)	gastrítis
apendicite (f)	апендицитис (м)	apendicítis

colecistite (f)	холециститис (м)	holecístitis
úlcera (f)	чир (м)	čir

sarampo (m)	мале богиње (мн)	mále bóginje
rubéola (f)	рубеола (ж)	rubéola
iterícia (f)	жутица (ж)	žútica
hepatite (f)	хепатитис (м)	hepatítis

esquizofrenia (f)	шизофренија (ж)	šizofrénija
raiva (f)	беснило (с)	bésnilo
neurose (f)	неуроза (ж)	neuróza
comoção (f) cerebral	потрес (м) мозга	pótres mózga

cancro (m)	рак (м)	rak
esclerose (f)	склероза (ж)	skleróza
esclerose (f) múltipla	мултипла склероза (ж)	múltipla skleróza

alcoolismo (m)	алкохолизам (м)	alkoholízam
alcoólico (m)	алкохоличар (м)	alkohóličar
sífilis (f)	сифилис (м)	sífilis
SIDA (f)	Сида (ж)	Sída

tumor (m)	тумор (м)	túmor
maligno	малигни, злоћудан	máligni, zlóćudan
benigno	доброћудан	dóbroćudan

febre (f)	грозница (ж)	gróznica
malária (f)	маларија (ж)	málarija
gangrena (f)	гангрена (ж)	gangréna
enjoo (m)	морска болест (ж)	mórska bólest
epilepsia (f)	епилепсија (ж)	epilépsija

epidemia (f)	епидемија (ж)	epidémija
tifo (m)	тифус (м)	tífus
tuberculose (f)	туберкулоза (ж)	tuberkulóza
cólera (f)	колера (ж)	koléra
peste (f)	куга (ж)	kúga

48. Sintomas. Tratamentos. Parte 1

sintoma (m)	симптом (м)	símptom
temperatura (f)	температура (ж)	temperatúra
febre (f)	висока температура (ж)	vísoka temperatúra
pulso (m)	пулс (м)	puls

vertigem (f)	вртоглавица (ж)	vrtóglavica
quente (testa, etc.)	врућ	vruć
calafrio (m)	језа (ж)	jéza
pálido	блед	bled

tosse (f)	кашаљ (м)	kášalj
tossir (vi)	кашљати (нг)	kášljati
espirrar (vi)	кијати (нг)	kíjati
desmaio (m)	несвестица (ж)	nésvestica

desmaiar (vi)	онесвестити се	onesvéstiti se
nódoa (f) negra	модрица (ж)	módrica
galo (m)	чворуга (ж)	čvóruga
magoar-se (vr)	ударити се	údariti se
pisadura (f)	озледа (ж)	ózleda
aleijar-se (vr)	озледити се	ozléditi se
coxear (vi)	храмати (нг)	hrámati
deslocação (f)	ишчашење (с)	iščašénje
deslocar (vt)	ишчашити (пг)	íščašiti
fratura (f)	прелом (м)	prélom
fraturar (vt)	задобити прелом	zadóbiti prélom
corte (m)	посекотина (ж)	posekótina
cortar-se (vr)	порезати се	pórezati se
hemorragia (f)	крварење (с)	krvárenje
queimadura (f)	опекотина (ж)	opekótina
queimar-se (vr)	опећи се	ópeći se
picar (vt)	убости (пг)	úbosti
picar-se (vr)	убости се	úbosti se
lesionar (vt)	повредити (пг)	povréditi
lesão (m)	повреда (ж)	póvreda
ferida (f), ferimento (m)	рана (ж)	rána
trauma (m)	траума (ж)	tráuma
delirar (vi)	бунцати (нг)	búncati
gaguejar (vi)	муцати (нг)	múcati
insolação (f)	сунчаница (ж)	súnčanica

49. Sintomas. Tratamentos. Parte 2

dor (f)	бол (ж)	bol
farpa (no dedo)	трн (м)	trn
suor (m)	зној (м)	znoj
suar (vi)	знојити се	znójiti se
vómito (m)	повраћање (с)	póvraćanje
convulsões (f pl)	грчеви (мн)	grčevi
grávida	трудна	trúdna
nascer (vi)	родити се	róditi se
parto (m)	порођај (м)	pórođaj
dar à luz	рађати (пг)	ráđati
aborto (m)	абортус, побачај (м)	abórtus, póbačaj
respiração (f)	дисање (с)	dísanje
inspiração (f)	удисај (м)	údisaj
expiração (f)	издах (м)	ízdah
expirar (vi)	издахнути (нг)	izdáhnuti
inspirar (vi)	удисати (нг)	údisati
inválido (m)	инвалид (м)	inválid
aleijado (m)	богаљ (м)	bógalj

toxicodependente (m)	наркоман (м)	nárkoman
surdo	глув	gluv
mudo	нем	nem
surdo-mudo	глувонем	glúvonem
louco (adj.)	луд	lud
louco (m)	лудак (м)	lúdak
louca (f)	луда (ж)	lúda
ficar louco	полудети (нг)	polúdeti
gene (m)	ген (м)	gen
imunidade (f)	имунитет (м)	imunítet
hereditário	наследни	následni
congénito	урођен	úrođen
vírus (m)	вирус (м)	vírus
micróbio (m)	микроб (м)	míkrob
bactéria (f)	бактерија (ж)	baktérija
infeção (f)	инфекција (ж)	infékcija

50. Sintomas. Tratamentos. Parte 3

hospital (m)	болница (ж)	bólnica
paciente (m)	пацијент (м)	pacíjent
diagnóstico (m)	дијагноза (ж)	dijagnóza
cura (f)	лечење (с)	léčenje
tratamento (m) médico	медицински третман (м)	médicinski trétman
curar-se (vr)	лечити се	léčiti se
tratar (vt)	лечити (нг)	léčiti
cuidar (pessoa)	неговати (нг)	négovati
cuidados (m pl)	нега (ж)	néga
operação (f)	операција (ж)	operácija
enfaixar (vt)	превити (нг)	préviti
enfaixamento (m)	превијање (с)	previjanje
vacinação (f)	вакцинација (ж)	vakcinácija
vacinar (vt)	вакцинисати (нг)	vakcinísati
injeção (f)	ињекција (ж)	injékcija
dar uma injeção	давати ињекцију	dávati injékciju
ataque (~ de asma, etc.)	напад (м)	nápad
amputação (f)	ампутација (ж)	amputácija
amputar (vt)	ампутирати (нг)	amputírati
coma (f)	кома (ж)	kóma
estar em coma	бити у коми	bíti u kómi
reanimação (f)	реанимација (ж)	reanimácija
recuperar-se (vr)	оздрављати (нг)	ódzdravljati
estado (~ de saúde)	стање (с)	stánje
consciência (f)	свест (ж)	svest
memória (f)	памћење (с)	pámćenje
tirar (vt)	вадити (нг)	váditi

chumbo (m), obturação (f)	пломба (ж)	plómba
chumbar, obturar (vt)	пломбирати (пг)	plombírati
hipnose (f)	хипноза (ж)	hipnóza
hipnotizar (vt)	хипнотизирати (пг)	hipnotizírati

51. Médicos

médico (m)	лекар (м)	lékar
enfermeira (f)	медицинска сестра (ж)	médicinska séstra
médico (m) pessoal	лични лекар (м)	líčni lékar
dentista (m)	зубар (м)	zúbar
oculista (m)	окулиста (м)	okulísta
terapeuta (m)	терапеут (м)	terapéut
cirurgião (m)	хирург (м)	hírurg
psiquiatra (m)	психијатар (м)	psihijátar
pediatra (m)	педијатар (м)	pedíjatar
psicólogo (m)	психолог (м)	psihólog
ginecologista (m)	гинеколог (м)	ginekólog
cardiologista (m)	кардиолог (м)	kardiólog

52. Medicina. Drogas. Acessórios

medicamento (m)	лек (м)	lek
remédio (m)	средство (с)	srédstvo
receitar (vt)	преписивати (пг)	prepisívati
receita (f)	рецепт (м)	récept
comprimido (m)	таблета (ж)	tabléta
pomada (f)	маст (ж)	mast
ampola (f)	ампула (ж)	ámpula
preparado (m)	микстура (ж)	mikstúra
xarope (m)	сируп (м)	sírup
cápsula (f)	пилула (ж)	pílula
remédio (m) em pó	прашак (м)	prášak
ligadura (f)	завој (м)	závoj
algodão (m)	вата (ж)	váta
iodo (m)	јод (м)	jod
penso (m) rápido	фластер (м)	fláster
conta-gotas (m)	пипета (ж)	pipéta
termómetro (m)	термометар (м)	térmometar
seringa (f)	шприц (м)	špric
cadeira (f) de rodas	инвалидска колица (мн)	inválidska kolíca
muletas (f pl)	штаке (мн)	štáke
analgésico (m)	аналгетик (м)	analgétik
laxante (m)	лаксатив (м)	láksativ

álcool (m) etílico álкохол (м) álkohol
ervas (f pl) medicinais лековито биље (c) lékovito bílje
de ervas (chá ~) биљни bíljni

HABITAT HUMANO

Cidade

53. Cidade. Vida na cidade

cidade (f)	град (м)	grad
capital (f)	главни град (м), престоница (ж)	glávni grad, préstonica
aldeia (f)	село (с)	sélo

mapa (m) da cidade	план (м) града	plan gráda
centro (m) da cidade	центар (м) града	céntar gráda
subúrbio (m)	предграђе (с)	prédgrađe
suburbano	приградски	prígradski

periferia (f)	предграђе (с)	prédgrađe
arredores (m pl)	околина (ж)	ókolina
quarteirão (m)	четврт (ж)	čétvrt
quarteirão (m) residencial	стамбена четврт (ж)	stámbena četvrt

tráfego (m)	саобраћај (м)	sáobraćaj
semáforo (m)	семафор (м)	sémafor
transporte (m) público	градски превоз (м)	grádski prévoz
cruzamento (m)	раскрсница (ж)	ráskrsnica

passadeira (f)	пешачки прелаз (м)	péšački prélaz
passagem (f) subterrânea	подземни пролаз (м)	pódzemni prólaz
cruzar, atravessar (vt)	прелазити (пг)	prélaziti
peão (m)	пешак (м)	péšak
passeio (m)	тротоар (м)	trotóar

ponte (f)	мост (м)	most
margem (f) do rio	кеј (м)	kej
fonte (f)	чесма (ж)	čésma

alameda (f)	алеја (ж)	aléja
parque (m)	парк (м)	park
bulevar (m)	булевар (м)	bulévar
praça (f)	трг (м)	trg
avenida (f)	авенија (ж)	avénija
rua (f)	улица (ж)	úlica
travessa (f)	споредна улица (ж)	spóredna úlica
beco (m) sem saída	ћорсокак (м)	ćorsókak

casa (f)	кућа (ж)	kúća
edifício, prédio (m)	зграда (ж)	zgráda
arranha-céus (m)	небодер (м)	néboder
fachada (f)	фасада (ж)	fasáda

telhado (m)	кров (м)	krov
janela (f)	прозор (м)	prózor
arco (m)	лук (м)	luk
coluna (f)	колона (ж)	kolóna
esquina (f)	угао, ћошак (м)	úgao, ćóšak
montra (f)	излог (м)	ízlog
letreiro (m)	натпис (м)	nátpis
cartaz (m)	плакат (м)	plákat
cartaz (m) publicitário	рекламни постер (м)	réklamni póster
painel (m) publicitário	билборд (м)	bílbord
lixo (m)	смеће, ђубре (с)	smeće, đúbre
cesta (f) do lixo	корпа (ж) за смеће	kórpa za sméće
jogar lixo na rua	бацати ђубре	bácati đúbre
aterro (m) sanitário	депонија (ж)	depónija
cabine (f) telefónica	говорница (ж)	góvornica
candeeiro (m) de rua	стуб (м)	stub
banco (m)	клупа (ж)	klúpa
polícia (m)	полицајац (м)	policájac
polícia (instituição)	полиција (ж)	polícija
mendigo (m)	просјак (м)	prósjak
sem-abrigo (m)	бескућник (м)	béskućnik

54. Instituições urbanas

loja (f)	продавница (ж)	pródavnica
farmácia (f)	апотека (ж)	apotéka
ótica (f)	оптика (ж)	óptika
centro (m) comercial	тржни центар (м)	tržni céntar
supermercado (m)	супермаркет (м)	supermárket
padaria (f)	пекара (ж)	pékara
padeiro (m)	пекар (м)	pékar
pastelaria (f)	посластичарница (ж)	poslastičárnica
mercearia (f)	бакалница (ж)	bakálnica
talho (m)	месара (ж)	mésara
loja (f) de legumes	пиљарница (ж)	píljarnica
mercado (m)	пијаца (ж)	píjaca
café (m)	кафић (м), кафана (ж)	káfić, kafána
restaurante (m)	ресторан (м)	restóran
bar (m), cervejaria (f)	пивница (ж)	pívnica
pizzaria (f)	пицерија (ж)	picérija
salão (m) de cabeleireiro	фризерски салон (м)	frízerski sálon
correios (m pl)	пошта (ж)	póšta
lavandaria (f)	хемијско чишћење (с)	hémijsko číšćenje
estúdio (m) fotográfico	фото атеље (м)	fóto atélje
sapataria (f)	продавница (ж) обуће	pródavnica óbuće
livraria (f)	књижара (ж)	knjížara

loja (f) de artigos de desporto	спортска радња (ж)	spórtska rádnja
reparação (f) de roupa	поправка (ж) одеће	pópravka ódeće
aluguer (m) de roupa	изнајмљивање (c) одеће	iznajmljívanje ódeće
aluguer (m) de filmes	изнајмљивање (c) филмова	iznajmljívanje fílmova
circo (m)	циркус (м)	církus
jardim (m) zoológico	зоолошки врт (м)	zoóloški vŕt
cinema (m)	биоскоп (м)	bíoskop
museu (m)	музеј (м)	múzej
biblioteca (f)	библиотека (ж)	bibliotéka
teatro (m)	позориште (c)	pózorište
ópera (f)	опера (ж)	ópera
clube (m) noturno	ноћни клуб (м)	nóćni klub
casino (m)	коцкарница (ж)	kóckarnica
mesquita (f)	џамија (ж)	džámija
sinagoga (f)	синагога (ж)	sinagóga
catedral (f)	катедрала (ж)	katedrála
templo (m)	храм (м)	hram
igreja (f)	црква (ж)	cŕkva
instituto (m)	институт (м)	institut
universidade (f)	универзитет (м)	univerzitét
escola (f)	школа (ж)	škóla
prefeitura (f)	управа (ж)	úprava
câmara (f) municipal	градска кућа (ж)	grádska kúća
hotel (m)	хотел (м)	hótel
banco (m)	банка (ж)	bánka
embaixada (f)	амбасада (ж)	ambasáda
agência (f) de viagens	туристичка агенција (ж)	turística agéncija
agência (f) de informações	биро (c) за информације	bíro za informácije
casa (f) de câmbio	мењачница (ж)	menjáčnica
metro (m)	метро (м)	métro
hospital (m)	болница (ж)	bólnica
posto (m) de gasolina	бензинска станица (ж)	bénzinska stánica
parque (m) de estacionamento	паркиралиште (c)	parkíralište

55. Sinais

letreiro (m)	натпис (м)	nátpis
inscrição (f)	натпис (м)	nátpis
cartaz, póster (m)	плакат (м)	plákat
sinal (m) informativo	путоказ (м)	pútokaz
seta (f)	стрелица (ж)	strélica
aviso (advertência)	упозорење (c)	upozorénje
sinal (m) de aviso	знак (м) упозорења	znak upozorénja
avisar, advertir (vt)	упозорити (пг)	upozóriti

dia (m) de folga	слободан дан (м)	slóbodan dan
horário (m)	распоред (м)	ráspored
horário (m) de funcionamento	радно време (с)	rádno vréme

BEM-VINDOS!	ДОБРО ДОШЛИ!	DOBRO DOŠLI!
ENTRADA	УЛАЗ	ULAZ
SAÍDA	ИЗЛАЗ	IZLAZ

EMPURRE	ГУРАЈ	GURAJ
PUXE	ВУЦИ	VUCI
ABERTO	ОТВОРЕНО	OTVORENO
FECHADO	ЗАТВОРЕНО	ZATVORENO

MULHER	ЖЕНЕ	ŽENE
HOMEM	МУШКАРЦИ	MUŠKARCI

DESCONTOS	ПОПУСТИ	POPUSTI
SALDOS	РАСПРОДАЈА	RASPRODAJA
NOVIDADE!	НОВО!	NOVO!
GRÁTIS	БЕСПЛАТНО	BESPLATNO

ATENÇÃO!	ПАЖЊА!	PAŽNJA!
NÃO HÁ VAGAS	НЕМА СЛОБОДНИХ СОБА	NEMA SLOBODNIH SOBA
RESERVADO	РЕЗЕРВИСАНО	REZERVISANO

ADMINISTRAÇÃO	УПРАВА	UPRAVA
SOMENTE PESSOAL AUTORIZADO	САМО ЗА ОСОБЉЕ	SAMO ZA OSOBLJE

CUIDADO CÃO FEROZ	ЧУВАЈ СЕ ПСА	ČUVAJ SE PSA
PROIBIDO FUMAR!	ЗАБРАЊЕНО ПУШЕЊЕ	ZABRANJENO PUŠENJE
NÃO TOCAR	НЕ ДИРАТИ	NE DIRATI

PERIGOSO	ОПАСНО	OPASNO
PERIGO	ОПАСНОСТ	OPASNOST
ALTA TENSÃO	ВИСОКИ НАПОН	VISOKI NAPON
PROIBIDO NADAR	ЗАБРАЊЕНО КУПАЊЕ	ZABRANJENO KUPANJE
AVARIADO	НЕ РАДИ	NE RADI

INFLAMÁVEL	ЗАПАЉИВО	ZAPALJIVO
PROIBIDO	ЗАБРАЊЕНО	ZABRANJENO
ENTRADA PROIBIDA	ЗАБРАЊЕН ПРОЛАЗ	ZABRANJEN PROLAZ
CUIDADO TINTA FRESCA	СВЕЖЕ ОФАРБАНО	SVEŽE OFARBANO

56. Transportes urbanos

autocarro (m)	аутобус (м)	autóbus
elétrico (m)	трамвај (м)	trámvaj
troleicarro (m)	тролејбус (м)	troléjbus
itinerário (m)	маршрута (ж)	maršrúta
número (m)	број (м)	broj
ir de … (carro, etc.)	ићи …	ići …
entrar (~ no autocarro)	ући у …	ući u …

descer de ...	сићи (нг), изаћи из ...	síći, ízaći iz ...
paragem (f)	станица (ж)	stánica
próxima paragem (f)	следећа станица (ж)	sléđeća stánica
ponto (m) final	последња станица (ж)	póslednja stánica
horário (m)	ред (м) вожње	red vóžnje
esperar (vt)	чекати (нг, пг)	čékati

| bilhete (m) | карта (ж) | kárta |
| custo (m) do bilhete | цена (ж) карте | céna kárte |

bilheteiro (m)	благајник (м)	blágajnik
controlo (m) dos bilhetes	контрола (ж)	kontróla
revisor (m)	контролер (м)	kontróler

atrasar-se (vr)	каснити (нг)	kásniti
perder (o autocarro, etc.)	пропустити (пг)	propústiti
estar com pressa	журити (нг)	žúriti

táxi (m)	такси (м)	táksi
taxista (m)	таксиста (м)	táksista
de táxi (ir ~)	таксијем	táksijem
praça (f) de táxis	такси станица (ж)	táksi stánica
chamar um táxi	позвати такси	pózvati táksi
apanhar um táxi	узети такси	úzeti taksi

tráfego (m)	саобраћај (м)	sáobraćaj
engarrafamento (m)	гужва (ж)	gúžva
horas (f pl) de ponta	шпиц (м)	špic
estacionar (vi)	паркирати се	parkírati se
estacionar (vt)	паркирати (пг)	parkírati
parque (m) de estacionamento	паркиралиште (с)	parkíralište

metro (m)	метро (м)	métro
estação (f)	станица (ж)	stánica
ir de metro	ићи метроом	ići metróom
comboio (m)	воз (м)	voz
estação (f)	железничка станица (ж)	žéležnička stánica

57. Turismo

monumento (m)	споменик (м)	spómenik
fortaleza (f)	тврђава (ж)	tvŕđava
palácio (m)	палата (ж)	paláta
castelo (m)	замак (м)	zámak
torre (f)	кула (ж)	kúla
mausoléu (m)	маузолеј (м)	mauzólej

arquitetura (f)	архитектура (ж)	arhitektúra
medieval	средњовековни	srednjovékovni
antigo	старински	starínski
nacional	национални	nacionálni
conhecido	чувен	čúven
turista (m)	туриста (м)	turísta
guia (pessoa)	водич (м)	vódič

excursão (f)	екскурзија (ж)	ekskúrzija
mostrar (vt)	показивати (пг)	pokazívati
contar (vt)	причати (пг)	príčati
encontrar (vt)	наћи (пг)	náći
perder-se (vr)	изгубити се	izgúbiti se
mapa (~ do metrô)	мапа (ж)	mápa
mapa (~ da cidade)	план (м)	plan
lembrança (f), presente (m)	сувенир (м)	suvénir
loja (f) de presentes	продавница (ж) сувенира	pródavnica suveníra
fotografar (vt)	сликати (пг)	slíkati
fotografar-se	сликати се	slíkati se

58. Compras

comprar (vt)	куповати (пг)	kupóvati
compra (f)	куповина (ж)	kupóvina
fazer compras	ићи у шопинг	íći u šóping
compras (f pl)	куповина (ж)	kupóvina
estar aberta (loja, etc.)	бити отворен	bíti ótvoren
estar fechada	бити затворен	bíti zátvoren
calçado (m)	обућа (ж)	óbuća
roupa (f)	одећа (ж)	ódeća
cosméticos (m pl)	козметика (ж)	kozmétika
alimentos (m pl)	намирнице (мн)	námirnice
presente (m)	поклон (м)	póklon
vendedor (m)	продавач (м)	prodávač
vendedora (f)	продавачица (ж)	prodaváčica
caixa (f)	благајна (ж)	blágajna
espelho (m)	огледало (с)	oglédalo
balcão (m)	тезга (ж)	tézga
cabine (f) de provas	кабина (ж)	kabína
provar (vt)	пробати (пг)	próbati
servir (vi)	пристајати (нг)	prístajati
gostar (apreciar)	свиђати се	svíđati se
preço (m)	цена (ж)	céna
etiqueta (f) de preço	ценовник (м)	cénovnik
custar (vt)	коштати (нг)	kóštati
Quanto?	Колико?	Kolíko?
desconto (m)	попуст (м)	pópust
não caro	није скуп	níje skup
barato	јефтин	jéftin
caro	скуп	skup
É caro	То је скупо	To je skúpo
aluguer (m)	изнајмљивање (с)	iznajmljívanje
alugar (vestidos, etc.)	изнајмити (пг)	iznájmiti

| crédito (m) | кредит (м) | krédit |
| a crédito | на кредит | na krédit |

59. Dinheiro

dinheiro (m)	новац (м)	nóvac
câmbio (m)	размена (ж)	rázmena
taxa (f) de câmbio	курс (м)	kurs
Caixa Multibanco (m)	банкомат (м)	bánkomat
moeda (f)	новчић (м)	nóvčić

| dólar (m) | долар (м) | dólar |
| euro (m) | евро (м) | évro |

lira (f)	италијанска лира (ж)	itálijanska líra
marco (m)	немачка марка (ж)	némačka márka
franco (m)	франак (м)	frának
libra (f) esterlina	фунта (ж)	fúnta
iene (m)	јен (м)	jen

dívida (f)	дуг (м)	dug
devedor (m)	дужник (м)	dúžnik
emprestar (vt)	посудити	posúditi
pedir emprestado	позајмити (пг)	pozájmiti

banco (m)	банка (ж)	bánka
conta (f)	рачун (м)	ráčun
depositar (vt)	положити (пг)	polóžiti
depositar na conta	положити на рачун	polóžiti na ráčun
levantar (vt)	подићи са рачуна	pódići sa račúna

cartão (m) de crédito	кредитна картица (ж)	kréditna kártica
dinheiro (m) vivo	готовина (ж)	gótovina
cheque (m)	чек (м)	ček
passar um cheque	написати чек	napísati ček
livro (m) de cheques	чековна књижица (ж)	čékovna knjížica

carteira (f)	новчаник (м)	novčánik
porta-moedas (m)	новчаник (м)	novčánik
cofre (m)	сеф (м)	sef

herdeiro (m)	наследник (м)	následnik
herança (f)	наследство (с)	následstvo
fortuna (riqueza)	богатство (с)	bogátstvo

arrendamento (m)	закуп, најам (м)	zákup, nájam
renda (f) de casa	станарина (ж)	stánarina
alugar (vt)	изнајмити (пг)	iznájmiti

preço (m)	цена (ж)	céna
custo (m)	вредност (ж)	vrédnost
soma (f)	износ (м)	íznos
gastar (vt)	трошити (пг)	tróšiti
gastos (m pl)	трошкови (мн)	tróškovi

economizar (vi)	штедети (нг, пг)	štédeti
económico	штедљив	štédljiv
pagar (vt)	платити (нг, пг)	plátiti
pagamento (m)	плаћање (с)	pláćanje
troco (m)	кусур (м)	kúsur
imposto (m)	порез (м)	pórez
multa (f)	новчана казна (ж)	nóvčana kázna
multar (vt)	кажњавати (пг)	kažnjávati

60. Correios. Serviço postal

correios (m pl)	пошта (ж)	póšta
correio (m)	пошта (ж)	póšta
carteiro (m)	поштар (м)	póštar
horário (m)	радно време (с)	rádno vréme
carta (f)	писмо (с)	písmo
carta (f) registada	препоручено писмо (с)	préporučeno písmo
postal (m)	разгледница (ж)	rázglednica
telegrama (m)	телеграм (м)	télegram
encomenda (f) postal	пакет (м)	páket
remessa (f) de dinheiro	пренос (м) новца	prénos nóvca
receber (vt)	примити (пг)	prímiti
enviar (vt)	послати (пг)	póslati
envio (m)	слање (с)	slánje
endereço (m)	адреса (ж)	adrésa
código (m) postal	поштански број (м)	póštanski broj
remetente (m)	пошиљалац (м)	póšiljalac
destinatário (m)	прималац (м)	prímalac
nome (m)	име (с)	íme
apelido (m)	презиме (с)	prézime
tarifa (f)	тарифа (ж)	tarífa
ordinário	обичан	óbičan
económico	економичан	ekónomičan
peso (m)	тежина (ж)	težína
pesar (estabelecer o peso)	вагати (пг)	vágati
envelope (m)	коверат (м)	kovérat
selo (m)	поштанска марка (ж)	poštanska márka
colar o selo	лепити марку	lépiti márku

Moradia. Casa. Lar

61. Casa. Eletricidade

eletricidade (f)	струја (ж)	strúja
lâmpada (f)	сијалица (ж)	síjalica
interruptor (m)	прекидач (м)	prekídač
fusível (m)	осигурач (м)	osigúrač
fio, cabo (m)	жица (ж), кабл (м)	žíca, kabl
instalação (f) elétrica	електрична инсталација (ж)	eléktrična instalácija
contador (m) de eletricidade	струјомер (м)	strújomer
indicação (f), registo (m)	стање (с)	stánje

62. Moradia. Mansão

casa (f) de campo	сеоска кућа (ж)	séoska kúća
vila (f)	вила (ж)	víla
ala (~ do edifício)	крило (с)	krílo
jardim (m)	врт (м)	vȑt
parque (m)	парк (м)	park
estufa (f)	стакленик (м)	stáklenik
cuidar de ...	припазити на ...	pripaziti na ...
piscina (f)	базен (м)	bázen
ginásio (m)	теретана (ж)	teretána
campo (m) de ténis	тениски терен (м)	téniski téren
cinema (m)	кућни биоскоп (м)	kúćni bíoskop
garagem (f)	гаража (ж)	garáža
propriedade (f) privada	приватна својина (ж)	prívatna svójina
terreno (m) privado	приватни посед (м)	prívatni pósed
advertência (f)	упозорење (с)	upozorénje
sinal (m) de aviso	знак (м) упозорења	znak upozorénja
guarda (f)	обезбеђење (с)	obezbeđénje
guarda (m)	чувар (м)	čúvar
alarme (m)	аларм (м)	alárm

63. Apartamento

apartamento (m)	стан (м)	stan
quarto (m)	соба (ж)	sóba

quarto (m) de dormir	спаваћа соба (ж)	spávaća sóba
sala (f) de jantar	трпезарија (ж)	trpezárija
sala (f) de estar	дневна соба (ж)	dnévna sóba
escritório (m)	кабинет (м)	kabínet
antessala (f)	ходник (м)	hódnik
quarto (m) de banho	купатило (с)	kupátilo
toilette (lavabo)	тоалет (м)	toálet
teto (m)	плафон (м)	pláfon
chão, soalho (m)	под (м)	pod
canto (m)	угао, ћошак (м)	úgao, ćóšak

64. Mobiliário. Interior

mobiliário (m)	намештај (м)	námeštaj
mesa (f)	сто (м)	sto
cadeira (f)	столица (ж)	stólica
cama (f)	кревет (м)	krévet
divã (m)	диван (м)	dívan
cadeirão (m)	фотеља (ж)	fotélja
estante (f)	орман (м) за књиге	órman za knjíge
prateleira (f)	полица (ж)	pólica
guarda-vestidos (m)	орман (м)	órman
cabide (m) de parede	вешалица (ж)	véšalica
cabide (m) de pé	чивилук (м)	číviluk
cómoda (f)	комода (ж)	komóda
mesinha (f) de centro	столић (м) за кафу	stólic za kafu
espelho (m)	огледало (с)	oglédalo
tapete (m)	тепих (м)	tépih
tapete (m) pequeno	ћилимче (с)	ćilímče
lareira (f)	камин (м)	kámin
vela (f)	свећа (ж)	svéća
castiçal (m)	свећњак (м)	svéćnjak
cortinas (f pl)	завесе (мн)	závese
papel (m) de parede	тапете (мн)	tapéte
estores (f pl)	ролетна (ж)	róletna
candeeiro (m) de mesa	стона лампа (ж)	stóna lámpa
candeeiro (m) de parede	зидна светиљка (ж)	zídna svétiljka
candeeiro (m) de pé	подна лампа (ж)	pódna lámpa
lustre (m)	лустер (м)	lúster
pé (de mesa, etc.)	нога (ж)	nóga
braço (m)	наслон (м) за руку	náslon za rúku
costas (f pl)	наслон (м)	náslon
gaveta (f)	фиока (ж)	fióka

65. Quarto de dormir

roupa (f) de cama	постељина (ж)	posteljína
almofada (f)	јастук (м)	jástuk
fronha (f)	јастучница (ж)	jástučnica
cobertor (m)	јорган (м)	jórgan
lençol (m)	чаршав (м)	čáršav
colcha (f)	покривач (м)	pokrívač

66. Cozinha

cozinha (f)	кухиња (ж)	kúhinja
gás (m)	гас (м)	gas
fogão (m) a gás	плински шпорет (м)	plínski špóret
fogão (m) elétrico	електрични шпорет (м)	eléktrični šporet
forno (m)	рерна (ж)	rérna
forno (m) de micro-ondas	микроталасна рерна (ж)	mikrotálasna rérna
frigorífico (m)	фрижидер (м)	frížider
congelador (m)	замрзивач (м)	zamrzívač
máquina (f) de lavar louça	машина (ж) за прање судова	mašína za pránje súdova
moedor (m) de carne	млин (м) за месо	mlin za méso
espremedor (m)	соковник (м)	sókovnik
torradeira (f)	тостер (м)	tóster
batedeira (f)	миксер (м)	míkser
máquina (f) de café	апарат (м) за кафу	apárat za káfu
cafeteira (f)	лонче (с) за кафу	lónče za káfu
moinho (m) de café	млин (м) за кафу	mlin za káfu
chaleira (f)	кувало, чајник (м)	kúvalo, čájnik
bule (m)	чајник (м)	čájnik
tampa (f)	поклопац (м)	póklopac
coador (m) de chá	цедиљка (ж)	cédiljka
colher (f)	кашика (ж)	kášika
colher (f) de chá	кашичица (ж)	kášičica
colher (f) de sopa	супена кашика (ж)	súpena kášika
garfo (m)	виљушка (ж)	víljuška
faca (f)	нож (м)	nož
louça (f)	посуђе (с)	pósuđe
prato (m)	тањир (м)	tánjir
pires (m)	тацна (ж)	tácna
cálice (m)	чашица (ж)	čášica
copo (m)	чаша (ж)	čáša
chávena (f)	шоља (ж)	šólja
açucareiro (m)	шећерница (ж)	šéćernica
saleiro (m)	сланик (м)	slánik

pimenteiro (m)	биберница (ж)	bíbernica
manteigueira (f)	посуда (ж) за маслац	pósuda za máslac
panela, caçarola (f)	шерпа (ж), лонац (м)	šerpa, lónac
frigideira (f)	тигањ (м)	tíganj
concha (f)	кутлача (ж)	kútlača
passador (m)	цедиљка (ж)	cédiljka
bandeja (f)	послужавник (м)	poslúžavnik
garrafa (f)	боца, флаша (ж)	bóca, fláša
boião (m) de vidro	тегла (ж)	tégla
lata (f)	лименка (ж)	límenka
abre-garrafas (m)	отварач (м)	otvárač
abre-latas (m)	отварач (м)	otvárač
saca-rolhas (m)	вадичеп (м)	vádičep
filtro (m)	филтар (м)	fíltar
filtrar (vt)	филтрирати (пг)	filtrírati
lixo (m)	смеће, ђубре (с)	smeće, đúbre
balde (m) do lixo	канта (ж) за ђубре	kánta za đúbre

67. Casa de banho

quarto (m) de banho	купатило (с)	kupátilo
água (f)	вода (ж)	vóda
torneira (f)	славина (ж)	slávina
água (f) quente	топла вода (ж)	tópla vóda
água (f) fria	хладна вода (ж)	hládna vóda
pasta (f) de dentes	паста (ж) за зубе	pásta za zúbe
escovar os dentes	прати зубе	práti zúbe
escova (f) de dentes	четкица (ж) за зубе	čétkica za zúbe
barbear-se (vr)	бријати се	bríjati se
espuma (f) de barbear	пена (ж) за бријање	péna za bríjanje
máquina (f) de barbear	бријач (м)	bríjač
lavar (vt)	прати (пг)	práti
lavar-se (vr)	купати се	kúpati se
duche (m)	туш (м)	tuš
tomar um duche	туширати се	tušírati se
banheira (f)	када (ж)	káda
sanita (f)	ВЦ шоља (ж)	VC šólja
lavatório (m)	лавабо (м)	lavábo
sabonete (m)	сапун (м)	sápun
saboneteira (f)	кутија (ж) за сапун	kútija za sápun
esponja (f)	сунђер (м)	súnđer
champô (m)	шампон (м)	šámpon
toalha (f)	пешкир (м)	péškir
roupão (m) de banho	баде мантил (м)	báde mántil

lavagem (f)	прање (с)	pránje
máquina (f) de lavar	веш машина (ж)	veš mašína
lavar a roupa	прати веш	práti veš
detergente (m)	прашак (м) за веш	prášak za veš

68. Eletrodomésticos

televisor (m)	телевизор (м)	televízor
gravador (m)	касетофон (м)	kasetofon
videogravador (m)	видео рекордер (м)	vídeo rekórder
rádio (m)	радио (м)	rádio
leitor (m)	плејер (м)	pléjer
projetor (m)	видео пројектор (м)	vídeo projéktor
cinema (m) em casa	кућни биоскоп (м)	kućni bíoskop
leitor (m) de DVD	ДВД плејер (м)	DVD plejer
amplificador (m)	појачало (с)	pojáčalo
console (f) de jogos	играћа конзола (ж)	ígraća konzóla
câmara (f) de vídeo	видеокамера (ж)	vídeokámera
máquina (f) fotográfica	фотоапарат (м)	fotoapárat
câmara (f) digital	дигитални фотоапарат (м)	dígitalni fotoapárat
aspirador (m)	усисивач (м)	usisívač
ferro (m) de engomar	пегла (ж)	pégla
tábua (f) de engomar	даска (ж) за пеглање	dáska za péglanje
telefone (m)	телефон (м)	teléfon
telemóvel (m)	мобилни телефон (м)	móbilni teléfon
máquina (f) de escrever	писаћа машина (ж)	písaća mašína
máquina (f) de costura	шиваћа машина (ж)	šívaća mašína
microfone (m)	микрофон (м)	míkrofon
auscultadores (m pl)	слушалице (мн)	slúšalice
controlo remoto (m)	даљински управљач (м)	daljínski uprávljač
CD (m)	ЦД диск (м)	CD disk
cassete (f)	касета (ж)	kaséta
disco (m) de vinil	плоча (ж)	plóča

ATIVIDADES HUMANAS

Emprego. Negócios. Parte 1

69. Escritório. O trabalho no escritório

escritório (~ de advogados)	биро (с)	bíro
escritório (do diretor, etc.)	кабинет (м)	kabínet
receção (f)	рецепција (ж)	recépcija
secretário (m)	секретар (м)	sekrétar
secretária (f)	секретарица (ж)	sekretárica
diretor (m)	директор (м)	dírektor
gerente (m)	менаџер (м)	ménadžer
contabilista (m)	књиговођа (м)	knjígovođa
empregado (m)	радник (м)	rádnik
mobiliário (m)	намештај (м)	námeštaj
mesa (f)	сто (м)	sto
cadeira (f)	столица (ж)	stólica
bloco (m) de gavetas	мобилна касета (ж)	móbilna kaseta
cabide (m) de pé	чивилук (м)	číviluk
computador (m)	рачунар (м)	račúnar
impressora (f)	штампач (м)	štámpač
fax (m)	факс (м)	faks
fotocopiadora (f)	фотокопир (м)	fotokópir
papel (m)	папир (м)	pápir
artigos (m pl) de escritório	канцеларијски прибор (м)	kancelárijski príbor
tapete (m) de rato	подлога (ж) за миша	pódloga za miša
folha (f) de papel	лист (м)	list
pasta (f)	фасцикла (ж)	fáscikla
catálogo (m)	каталог (м)	katálog
diretório (f) telefónico	телефонски именик (м)	teléfonski ímenik
documentação (f)	документација (ж)	dokumentácija
brochura (f)	брошура (ж)	brošúra
flyer (m)	летак (м)	létak
amostra (f)	узорак (м)	úzorak
formação (f)	тренинг (м)	tréning
reunião (f)	састанак (м)	sástanak
hora (f) de almoço	пауза (ж) за ручак	páuza za rúčak
fazer uma cópia	направити копију	nápraviti kópiju
tirar cópias	направити копије	nápraviti kópije
receber um fax	примати факс	prímati faks

enviar um fax	послати факс	póslati faks
fazer uma chamada	позвати (пг)	pózvati
responder (vt)	јавити се	jáviti se
passar (vt)	повезати (пг)	povézati
marcar (vt)	наместити (пг)	námestiti
demonstrar (vt)	показати (пг)	pokázati
estar ausente	одсуствовати (нг)	ódsustvovati
ausência (f)	пропуштање (с)	propúštanje

70. Processos negociais. Parte 1

negócio (m)	посао (м)	pósao
ocupação (f)	занимање (с)	zanímanje
firma, empresa (f)	фирма (ж)	fírma
companhia (f)	компанија (ж)	kompánija
corporação (f)	корпорација (ж)	korporácija
empresa (f)	предузеће (с)	preduzéće
agência (f)	агенција (ж)	agéncija
acordo (documento)	споразум (м)	spórazum
contrato (m)	уговор (м)	úgovor
acordo (transação)	погодба (ж)	pógodba
encomenda (f)	наруџбина (ж)	narúdžbina
cláusulas (f pl), termos (m pl)	услов (м)	úslov
por grosso (adv)	на велико	na véliko
por grosso (adj)	на велико	na véliko
venda (f) por grosso	велепродаја (ж)	velepródaja
a retalho	малопродајни	malopródajni
venda (f) a retalho	малопродаја (ж)	malopródaja
concorrente (m)	конкурент (м)	konkúrent
concorrência (f)	конкуренција (ж)	konkuréncija
competir (vi)	конкурисати (пг)	konkúrisati
sócio (m)	партнер (м)	pártner
parceria (f)	партнерство (с)	pártnerstvo
crise (f)	криза (ж)	kríza
bancarrota (f)	банкротство (с)	bankrótstvo
entrar em falência	банкротирати (нг)	bankrotírati
dificuldade (f)	потешкоћа (ж)	poteškóća
problema (m)	проблем (м)	próblem
catástrofe (f)	катастрофа (ж)	katastrófa
economia (f)	економика (ж)	ekonómika
económico	економски	ekónomski
recessão (f) económica	економски пад (м)	ekónomski pad
objetivo (m)	циљ (м)	cilj
tarefa (f)	задатак (м)	zadátak
comerciar (vi, vt)	трговати (нг)	trgóvati
rede (de distribuição)	мрежа (ж)	mréža

estoque (m)	залихе (мн)	zálihe
sortimento (m)	асортиман (м)	asortíman
líder (m)	вођа (м)	vóđa
grande (~ empresa)	велик	vélik
monopólio (m)	монопол (м)	mónopol
teoria (f)	теорија (ж)	téorija
prática (f)	пракса (ж)	práksa
experiência (falar por ~)	искуство (с)	iskústvo
tendência (f)	тенденција (ж)	tendéncija
desenvolvimento (m)	развој (м)	rázvoj

71. Processos negociais. Parte 2

rentabilidade (f)	профит (м), добит (ж)	prófit, dóbit
rentável	пробитачан	próbitačan
delegação (f)	делегација (ж)	delegácija
salário, ordenado (m)	плата, зарада (ж)	pláta, zárada
corrigir (um erro)	исправљати (пг)	íspravljati
viagem (f) de negócios	службено путовање (с)	slúžbeno putovánje
comissão (f)	комисија (ж)	komísija
controlar (vt)	контролисати (пг)	kontrólisati
conferência (f)	конференција (ж)	konferéncija
licença (f)	лиценца (ж)	licénca
confiável	поуздан	póuzdan
empreendimento (m)	иницијатива (ж)	inicijatíva
norma (f)	норма (ж)	nórma
circunstância (f)	околност (ж)	okólnost
dever (m)	дужност (ж)	dúžnost
empresa (f)	организација (ж)	organizácija
organização (f)	организација (ж)	organizácija
organizado	организован	orgánizovan
anulação (f)	отказивање (с)	otkazívanje
anular, cancelar (vt)	отказати (пг)	otkázati
relatório (m)	извештај (м)	ízveštaj
patente (f)	патент (м)	pátent
patentear (vt)	патентирати (пг)	patentírati
planear (vt)	планирати (пг)	planírati
prémio (m)	бонус (м)	bónus
profissional	професионалан	prófesionalan
procedimento (m)	поступак (м)	póstupak
examinar (a questão)	размотрити (пг)	razmótriti
cálculo (m)	обрачун (м)	óbračun
reputação (f)	репутација (ж)	reputácija
risco (m)	ризик (м)	rízik
dirigir (~ uma empresa)	руководити (пг)	rukovóditi

informação (f)	информације (мн)	informácije
propriedade (f)	својина (ж)	svojína
união (f)	савез (м)	sávez
seguro (m) de vida	животно осигурање (с)	žívotno osigúranje
fazer um seguro	осигурати (пг)	osigúrati
seguro (m)	осигурање (с)	osigúranje
leilão (m)	лицитација (ж)	licitácija
notificar (vt)	обавестити (пг)	obavéstiti
gestão (f)	управљање (с)	úpravljanje
serviço (indústria de ~s)	услуга (ж)	úsluga
fórum (m)	форум (м)	fórum
funcionar (vi)	функционисати (нг)	funkcionísati
estágio (m)	етапа (ж)	etápa
jurídico	правни	právni
jurista (m)	правник (м)	právnik

72. Produção. Trabalhos

usina (f)	фабрика (ж)	fábrika
fábrica (f)	фабрика (ж)	fábrika
oficina (f)	радионица (ж)	radiónica
local (m) de produção	производња (ж)	próizvodnja
indústria (f)	индустрија (ж)	indústrija
industrial	индустријски	indústrijski
indústria (f) pesada	тешка индустрија (ж)	téška indústrija
indústria (f) ligeira	лака индустрија (ж)	láka indústrija
produção (f)	производ (м)	próizvod
produzir (vt)	производити (пг)	proizvóditi
matérias-primas (f pl)	сировине (мн)	sírovine
chefe (m) de brigada	бригадир, предрадник (м)	brigádir, prédradnik
brigada (f)	екипа (ж)	ekípa
operário (m)	радник (м)	rádnik
dia (m) de trabalho	радни дан (м)	rádni dan
pausa (f)	станка (ж)	stánka
reunião (f)	састанак (м)	sástanak
discutir (vt)	расправљати (пг)	ráspravljati
plano (m)	план (м)	plan
cumprir o plano	испунити план	íspuniti plan
taxa (f) de produção	норма (ж) производње	nórma próizvodnje
qualidade (f)	квалитет (м)	kvalítet
controlo (m)	контрола (ж)	kontróla
controlo (m) da qualidade	контрола (ж) квалитета	kontróla kvalitéta
segurança (f) no trabalho	безбедност (ж) на раду	bezbédnost na rádu
disciplina (f)	дисциплина (ж)	disciplína
infração (f)	кршење (с)	kŕšenje

violar (as regras)	кршити (пг)	kŕšiti
greve (f)	штрајк (м)	štrajk
grevista (m)	штрајкач (м)	štrájkač
estar em greve	штрајковати (нг)	štrájkovati
sindicato (m)	синдикат (м)	sindíkat

inventar (vt)	проналазити (пг)	pronálaziti
invenção (f)	проналазак, изум (м)	pronálazak, ízum
pesquisa (f)	истраживање (с)	istražívanje
melhorar (vt)	побољшати (пг)	pobóljšati
tecnologia (f)	технологија (ж)	tehnológija
desenho (m) técnico	цртеж (м)	cŕtež

carga (f)	терет (м)	téret
carregador (m)	утоваривач (м)	utovarívač
carregar (vt)	товарити (пг)	tóvariti
carregamento (m)	утовар (м)	útovar
descarregar (vt)	истоваривати (пг)	istovarívati
descarga (f)	истовар (м)	ístovar

transporte (m)	превоз (м)	prévoz
companhia (f) de transporte	транспортно предузеће (с)	tránsportno preduzéće
transportar (vt)	превозити (пг)	prevóziti

vagão (m) de carga	теретни вагон (м)	téretni vágon
cisterna (f)	цистерна (ж)	cistérna
camião (m)	камион (м)	kamíon

máquina-ferramenta (f)	строј (м), машина (ж) токарски	stroj, mašina токарски
mecanismo (m)	механизам (м)	mehanízam

resíduos (m pl) industriais	отпад (м)	ótpad
embalagem (f)	паковање (с)	pákovanje
embalar (vt)	упаковати (пг)	upakóvati

73. Contrato. Acordo

contrato (m)	уговор (м)	úgovor
acordo (m)	споразум (м)	spórazum
adenda (f), anexo (m)	прилог (м)	prílog

assinar o contrato	склопити уговор	sklópiti úgovor
assinatura (f)	потпис (м)	pótpis
assinar (vt)	потписати (пг)	potpísati
carimbo (m)	печат (м)	péčat

objeto (m) do contrato	предмет (м) уговора	prédmet úgovora
cláusula (f)	тачка (ж)	táčka
partes (f pl)	стране (мн)	stráne
morada (f) jurídica	легална адреса (ж)	légalna adrésa

violar o contrato	прекршити уговор	prékršiti úgovor
obrigação (f)	обавеза (ж)	óbaveza

responsabilidade (f)	одговорност (ж)	odgovórnost
força (f) maior	виша сила (ж)	viša sila
litígio (m), disputa (f)	спор (м)	spor
multas (f pl)	казне (мн)	kázne

74. Importação & Exportação

importação (f)	увоз (м)	úvoz
importador (m)	увозник (м)	úvoznik
importar (vt)	импортирати, увозити	importírati, uvóziti
de importação	увозни	úvozni
exportação (f)	извоз (м)	ízvoz
exportador (m)	извозник (м)	ízvoznik
exportar (vt)	извозити (пг)	izvóziti
de exportação	извозни	ízvozni
mercadoria (f)	роба (ж)	róba
lote (de mercadorias)	партија (ж)	pártija
peso (m)	тежина (ж)	težína
volume (m)	запремина (ж)	zápremina
metro (m) cúbico	кубни метар (м)	kúbni métar
produtor (m)	произвођач (м)	proizvóđač
companhia (f) de transporte	превозник (м)	prévoznik
contentor (m)	контејнер (м)	kontéjner
fronteira (f)	граница (ж)	gránica
alfândega (f)	царина (ж)	cárina
taxa (f) alfandegária	царинска дажбина (ж)	cárinska dážbina
funcionário (m) da alfândega	цариник (м)	cárinik
contrabando (atividade)	шверц (м)	šverc
contrabando (produtos)	шверцована роба (ж)	švércovana róba

75. Finanças

ação (f)	акција (ж)	ákcija
obrigação (f)	обвезница (ж)	óbveznica
nota (f) promissória	меница (ж)	ménica
bolsa (f)	берза (ж)	bérza
cotação (m) das ações	цена (ж) акција	céna ákcija
tornar-se mais barato	појефтинити (нг)	pojeftíniti
tornar-se mais caro	поскупјети (нг)	poskúpjeti
parte (f)	удео (м)	údeo
participação (f) maioritária	контролни пакет (м)	kóntrolni páket
investimento (m)	инвестиција (ж)	investícija
investir (vt)	инвестирати (нг, пг)	investírati
percentagem (f)	проценат, постотак (м)	prócenat, póstotak

juros (m pl)	камата (ж)	kámata
lucro (m)	профит (м)	prófit
lucrativo	профитабилан	prófitabilan
imposto (m)	порез (м)	pórez
divisa (f)	валута (ж)	valúta
nacional	национални	nacionálni
câmbio (m)	размена (ж)	rázmena
contabilista (m)	књиговођа (м)	knjígovođa
contabilidade (f)	књиговодство (с)	knjigovódstvo
bancarrota (f)	банкротство (с)	bankrótstvo
falência (f)	крах (м)	krah
ruína (f)	пропаст (ж)	própast
arruinar-se (vr)	пропасти (нг)	própasti
inflação (f)	инфлација (ж)	inflácija
desvalorização (f)	девалвација (ж)	devalvácija
capital (m)	капитал (м)	kapítal
rendimento (m)	приход (м)	príhod
volume (m) de negócios	промет (м)	prómet
recursos (m pl)	ресурси (мн)	resúrsi
recursos (m pl) financeiros	новац (м)	nóvac
despesas (f pl) gerais	режијски трошкови (мн)	réžijski tróškovi
reduzir (vt)	смањити (нг)	smánjiti

76. Marketing

marketing (m)	маркетинг (м)	márketing
mercado (m)	тржиште (с)	tržište
segmento (m) do mercado	тржишни сегмент (м)	tržišni ségment
produto (m)	производ (м)	proízvod
mercadoria (f)	роба (ж)	róba
marca (f)	марка (ж), бренд (м)	márka, brend
marca (f) comercial	заштитни знак (м)	záštitni znak
logotipo (m)	логотип, лого (м)	lógotip, lógo
logo (m)	лого (м)	lógo
demanda (f)	потражња (ж)	pótražnja
oferta (f)	понуда (ж)	pónuda
necessidade (f)	потреба (ж)	pótreba
consumidor (m)	потрошач (м)	potróšač
análise (f)	анализа (ж)	analíza
analisar (vt)	анализирати (нг)	analizírati
posicionamento (m)	позиционирање (с)	pozicioníranje
posicionar (vt)	позиционирати (нг)	pozicionírati
preço (m)	цена (ж)	céna
política (f) de preços	политика (ж) цена	polítika céna
formação (f) de preços	формирање (с) цена	formíranje céna

77. Publicidade

publicidade (f)	реклама (ж)	reklâma
publicitar (vt)	рекламирати (пг)	reklamírati
orçamento (m)	буџет (м)	búdžet
anúncio (m) publicitário	реклама (ж)	reklâma
publicidade (f) televisiva	телевизијска реклама (ж)	televízijska reklâma
publicidade (f) na rádio	радио оглашавање (с)	rádio oglašávanje
publicidade (f) exterior	спољна реклама (ж)	spóljna réklama
comunicação (f) de massa	масовни медији (мн)	másovni médiji
periódico (m)	периодично издање (с)	periódično izdánje
imagem (f)	имиџ (м)	ímidž
slogan (m)	слоган (м)	slógan
mote (m), divisa (f)	девиза (ж)	devíza
campanha (f)	кампања (ж)	kampánja
companha (f) publicitária	рекламна кампања (ж)	réklamna kampánja
grupo (m) alvo	циљна група (ж)	cíljna grúpa
cartão (m) de visita	визиткарта (ж)	vízitkarta
flyer (m)	летак (м)	létak
brochura (f)	брошура (ж)	brošúra
folheto (m)	брошура (ж)	brošúra
boletim (~ informativo)	билтен (м)	bílten
letreiro (m)	натпис (м)	nátpis
cartaz, póster (m)	плакат (м)	plákat
painel (m) publicitário	билборд (м)	bílbord

78. Banca

banco (m)	банка (ж)	bȁnka
sucursal, balcão (f)	експозитура (ж)	ekspozitúra
consultor (m)	банкарски службеник (м)	bánkarski slúžbenik
gerente (m)	менаџер (м)	ménadžer
conta (f)	рачун (м)	ráčun
número (m) da conta	број (м) рачуна	broj račúna
conta (f) corrente	текући рачун (м)	tékući ráčun
conta (f) poupança	штедни рачун (м)	štédni ráčun
abrir uma conta	отворити рачун	ótvoriti ráčun
fechar uma conta	затворити рачун	zatvóriti ráčun
depositar na conta	поставити на рачун	póstaviti na ráčun
levantar (vt)	подићи са рачуна	pódići sa računa
depósito (m)	депозит (м)	depózit
fazer um depósito	ставити новац на рачун	stáviti nóvac na ráčun
transferência (f) bancária	трансфер (м) новца	tránsfer nóvca

transferir (vt)	послати новац	póslati nóvac
soma (f)	износ (м)	íznos
Quanto?	Колико?	Kolíko?

assinatura (f)	потпис (м)	pótpis
assinar (vt)	потписати (пг)	potpísati

cartão (m) de crédito	кредитна картица (ж)	kréditna kártica
código (m)	код (м)	kod
número (m) do cartão de crédito	број (м) кредитне картице	broj kréditne kártice
Caixa Multibanco (m)	банкомат (м)	bánkomat

cheque (m)	чек (м)	ček
passar um cheque	написати чек	napísati ček
livro (m) de cheques	чековна књижица (ж)	čékovna knjížica

empréstimo (m)	кредит (м)	krédit
pedir um empréstimo	затражити кредит	zátražiti krédit
obter um empréstimo	узимати кредит	uzímati krédit
conceder um empréstimo	давати кредит	dávati krédit
garantia (f)	гаранција (ж)	garáncija

79. Telefone. Conversação telefónica

telefone (m)	телефон (м)	teléfon
telemóvel (m)	мобилни телефон (м)	móbilni teléfon
secretária (f) electrónica	секретарица (ж)	sekretárica

fazer uma chamada	звати (пг)	zváti
chamada (f)	позив (м)	póziv

marcar um número	позвати број	pózvati broj
Alô!	Хало!	Hálo!
perguntar (vt)	упитати (пг)	upítati
responder (vt)	јавити се	jáviti se

ouvir (vt)	чути (нг, пг)	čúti
bem	добро	dóbro
mal	лоше	loše
ruído (m)	сметње (мн)	smétnje

auscultador (m)	слушалица (ж)	slúšalica
pegar o telefone	подићи слушалицу	pódići slúšalicu
desligar (vi)	спустити слушалицу	spústiti slúšalicu

ocupado	заузето	záuzeto
tocar (vi)	звонити (нг)	zvóniti
lista (f) telefónica	телефонски именик (м)	teléfonski ímenik
local	локалан	lókalan
chamada (f) local	локални позив (м)	lókalni póziv
de longa distância	међуградски	međugrádski
chamada (f) de longa distância	међуградски позив (м)	međugrádski póziv

internacional	међународни	međunárodni
chamada (f) internacional	међународни позив (м)	međunárodni póziv

80. Telefone móvel

telemóvel (m)	мобилни телефон (м)	móbilni teléfon
ecrã (m)	дисплеј (м)	displéj
botão (m)	дугме (с)	dúgme
cartão SIM (m)	СИМ картица (ж)	SIM kártica
bateria (f)	батерија (ж)	báterija
descarregar-se	испразнити се	isprázniti se
carregador (m)	пуњач (м)	púnjač
menu (m)	мени (м)	méni
definições (f pl)	подешавања (мн)	podešávanja
melodia (f)	мелодија (ж)	mélodija
escolher (vt)	изабрати (пг)	izábrati
calculadora (f)	калкулатор (м)	kalkulátor
correio (m) de voz	говорна пошта (ж)	góvorna póšta
despertador (m)	будилник (м)	búdilnik
contatos (m pl)	контакти (мн)	kóntakti
mensagem (f) de texto	СМС порука (ж)	SMS póruka
assinante (m)	претплатник (м)	prétplatnik

81. Estacionário

caneta (f)	хемијска оловка (ж)	hémijska ólovka
caneta (f) tinteiro	наливперо (с)	nálivpero
lápis (m)	оловка (ж)	ólovka
marcador (m)	маркер (м)	márker
caneta (f) de feltro	фломастер (м)	flómaster
bloco (m) de notas	нотес (м)	nótes
agenda (f)	роковник (м)	rokóvnik
régua (f)	лењир (м)	lénjir
calculadora (f)	калкулатор (м)	kalkulátor
borracha (f)	гумица (ж)	gúmica
pionés (m)	пајснадла (ж)	pájsnadla
clipe (m)	спајалица (ж)	spájalica
cola (f)	лепак (м)	lépak
agrafador (m)	хефталица (ж)	héftalica
furador (m)	бушилица (ж) за папир	búšilica za pápir
afia-lápis (m)	резач (м)	rézač

82. Tipos de negócios

serviços (m pl) de contabilidade	рачуноводствене услуге (мн)	računovódstvene úsluge
publicidade (f)	реклама (ж)	rekláma
agência (f) de publicidade	рекламна агенција (ж)	réklamna agéncija
ar (m) condicionado	клима уређаји (мн)	klíma úređaji
companhia (f) aérea	авио-компанија (ж)	ávio-kompánija

bebidas (f pl) alcoólicas	алкохолна пића (мн)	álkoholna pića
comércio (m) de antiguidades	антиквитет (м)	antikvitét
galeria (f) de arte	уметничка галерија (ж)	umétnička gálerija
serviços (m pl) de auditoria	ревизорске услуге (мн)	revízorske úsluge

negócios (m pl) bancários	банкарство (с)	bankárstvo
bar (m)	бар (м)	bar
salão (m) de beleza	козметички салон (м)	kozmétički sálon
livraria (f)	књижара (ж)	knjížara
cervejaria (f)	пивара (ж)	pívara
centro (m) de escritórios	пословни центар (м)	póslovni céntar
escola (f) de negócios	пословна школа (ж)	póslovna škóla

casino (m)	коцкарница (ж)	kóckarnica
construção (f)	грађевинарство (с)	građevinárstvo
serviços (m pl) de consultoria	консалтинг (м)	konsálting

estomatologia (f)	стоматологија (ж)	stomatológija
design (m)	дизајн (м)	dízajn
farmácia (f)	апотека (ж)	apotéka
lavandaria (f)	хемијско чишћење (с)	hémijsko číšćenje
agência (f) de emprego	регрутна агенција (ж)	régrutna agéncija

serviços (m pl) financeiros	финансијске услуге (мн)	finánsijske úsluge
alimentos (m pl)	намирнице (мн)	námirnice
agência (f) funerária	погребно предузеће (с)	pógrebno preduzéće
mobiliário (m)	намештај (м)	námeštaj
roupa (f)	одећа (ж)	ódeća
hotel (m)	хотел (м)	hótel

gelado (m)	сладолед (м)	sládoled
indústria (f)	индустрија (ж)	indústrija
seguro (m)	осигурање (с)	osiguránje
internet (f)	интернет (м)	ínternet
investimento (m)	инвестиције (мн)	investícije

joalheiro (m)	златар (м)	zlátar
joias (f pl)	накит (м)	nákit
lavandaria (f)	перионица (ж)	periónica
serviços (m pl) jurídicos	правне услуге (мн)	právne úsluge
indústria (f) ligeira	лака индустрија (ж)	láka indústrija

revista (f)	часопис (м)	čásopis
vendas (f pl) por catálogo	каталошка продаја (ж)	katáloška pródaja
medicina (f)	медицина (ж)	medicína
cinema (m)	биоскоп (м)	bíoskop

museu (m)	музеј (м)	múzej
agência (f) de notícias	новинска агенција (ж)	nóvinska agéncija
jornal (m)	новине (мн)	nóvine
clube (m) noturno	ноћни клуб (м)	nóćni klub

petróleo (m)	нафта (ж)	náfta
serviço (m) de encomendas	курирска служба (ж)	kúrirska slúžba
indústria (f) farmacêutica	фармацеутика (ж)	farmacéutika
poligrafia (f)	полиграфија (ж)	poligráfija
editora (f)	издавачка кућа (ж)	izdávačka kúća

rádio (m)	радио (м)	rádio
imobiliário (m)	некретнина (ж)	nekretnína
restaurante (m)	ресторан (м)	restóran

empresa (f) de segurança	агенција (ж) за обезбеђење	agéncija za obezbeđénje
desporto (m)	спорт (м)	sport
bolsa (f)	берза (ж)	bérza
loja (f)	продавница (ж)	pródavnica
supermercado (m)	супермаркет (м)	supermárket
piscina (f)	базен (м)	bázen

alfaiataria (f)	кројачка радња (ж)	krójačka rádnja
televisão (f)	телевизија (ж)	televízija
teatro (m)	позориште (с)	pózorište
comércio (atividade)	трговина (ж)	trgóvina
serviços (m pl) de transporte	превоз (м)	prévoz
viagens (f pl)	туризам (м)	turízam

veterinário (m)	ветеринар (м)	veterínar
armazém (m)	складиште (с)	skládište
recolha (f) do lixo	одношење (с) смећа	ódnošenje smeća

Emprego. Negócios. Parte 2

83. Espetáculo. Feira

feira (f)	изложба (ж)	ízložba
feira (f) comercial	трговински сајам (м)	trgóvinski sájam
participação (f)	учешће (с)	účešće
participar (vi)	учествовати (нг)	účestvovati
participante (m)	учесник (м)	účesnik
diretor (m)	директор (м)	dírektor
direção (f)	дирекција (ж)	dirékcija
organizador (m)	организатор (м)	organízator
organizar (vt)	организовати (пг)	ogánizovati
ficha (f) de inscrição	пријава (ж) за излагаче	príjava za izlagače
preencher (vt)	попунити (пг)	pópuniti
detalhes (m pl)	детаљи (мн)	détalji
informação (f)	информација (ж)	informácija
preço (m)	цена (ж)	céna
incluindo	укључујући	uključujući
incluir (vt)	укључивати (пг)	uključívati
pagar (vt)	платити (нг, пг)	plátiti
taxa (f) de inscrição	уписнина (ж)	upisnína
entrada (f)	улаз (м)	úlaz
pavilhão (m)	павиљон (м)	pavíljon
inscrever (vt)	регистровати (пг)	régistrovati
crachá (m)	беџ (м), ИД картица (ж)	bédž, ID kartica
stand (m)	штанд (м)	štand
reservar (vt)	резервисати (пг)	rezervísati
vitrina (f)	витрина (ж)	vitrína
foco, spot (m)	рефлектор (м)	réflektor
design (m)	дизајн (м)	dízajn
pôr, colocar (vt)	смештати (пг)	sméštati
ser colocado, -a	бити постављен	bíti póstavljen
distribuidor (m)	дистрибутер (м)	distribúter
fornecedor (m)	добављач (м)	dobávljač
fornecer (vt)	снабдевати (пг)	snabdévati
país (m)	земља (ж)	zémlja
estrangeiro	стран	stran
produto (m)	производ (м)	proízvod
associação (f)	удружење (с)	udruženje
sala (f) de conferências	сала (ж) за конференције	sála za konferéncije

congresso (m)	конгрес (м)	kóngres
concurso (m)	конкурс (м)	kónkurs
visitante (m)	посетилац (м)	posétilac
visitar (vt)	посећивати (нг)	posećívati
cliente (m)	муштерија (м)	muštérija

84. Ciência. Investigação. Cientistas

ciência (f)	наука (ж)	náuka
científico	научни	náučni
cientista (m)	научник (м)	náučnik
teoria (f)	теорија (ж)	téorija
axioma (m)	аксиом (м)	aksíom
análise (f)	анализа (ж)	analíza
analisar (vt)	анализирати (нг)	analizírati
argumento (m)	аргумент (м)	argúment
substância (f)	материја, супстанца (ж)	máterija, supstánca
hipótese (f)	хипотеза (ж)	hipotéza
dilema (m)	дилема (ж)	diléma
tese (f)	дисертација (ж)	disertácija
dogma (m)	догма (ж)	dógma
doutrina (f)	доктрина (ж)	doktrína
pesquisa (f)	истраживање (с)	istražívanje
pesquisar (vt)	истраживати (нг)	istražívati
teste (m)	контрола (ж)	kontróla
laboratório (m)	лабораторија (ж)	laboratórija
método (m)	метода (ж)	metóda
molécula (f)	молекул (м)	molékul
monitoramento (m)	мониторинг, надзор (м)	monitóring, nádzor
descoberta (f)	откриће (с)	otkríće
postulado (m)	постулат (м)	postúlat
princípio (m)	принцип (м)	prínzip
prognóstico (previsão)	прогноза (ж)	prognóza
prognosticar (vt)	прогнозирати (нг)	prognozírati
síntese (f)	синтеза (ж)	sintéza
tendência (f)	тенденција (ж)	tendéncija
teorema (m)	теорема (ж)	teoréma
ensinamentos (m pl)	учење (с)	účenje
facto (m)	чињеница (ж)	čínjenica
expedição (f)	експедиција (ж)	ekspedícija
experiência (f)	експеримент (м)	eksperíment
académico (m)	академик (м)	akadémik
bacharel (m)	бакалавр (м)	bákalavr
doutor (m)	доктор (м)	dóktor
docente (m)	доцент (м)	dócent

mestre (m)	**магистар** (м)	magístar
professor (m) catedrático	**професор** (м)	prófesor

Profissões e ocupações

85. Procura de emprego. Demissão

trabalho (m)	посао (м)	pósao
equipa (f)	особље (с)	ósoblje
pessoal (m)	особље (с)	ósoblje
carreira (f)	каријера (ж)	karijéra
perspetivas (f pl)	изгледи (мн)	ízgledi
mestria (f)	мајсторство (с)	májstorstvo
seleção (f)	одабирање (с)	odábiranje
agência (f) de emprego	регрутна агенција (ж)	régrutna agéncija
CV, currículo (m)	резиме (м)	rezíme
entrevista (f) de emprego	разговор (м) за посао	rázgovor za pósao
vaga (f)	слободно место (с)	slóbodno mésto
salário (m)	плата, зарада (ж)	pláta, zárada
salário (m) fixo	фиксна зарада (ж)	fíksna zárada
pagamento (m)	плата (ж)	pláta
posto (m)	положај (м)	póložaj
dever (do empregado)	дужност (ж)	dúžnost
gama (f) de deveres	радни задаци (мн)	rádni zadáci
ocupado	заузет	záuzet
despedir, demitir (vt)	отпустити (пг)	otpústiti
demissão (f)	отпуст (м)	ótpust
desemprego (m)	незапосленост (ж)	nezáposlenost
desempregado (m)	незапослен (м)	nezáposlen
reforma (f)	пензија (ж)	pénzija
reformar-se	отићи у пензију	ótići u pénziju

86. Gente de negócios

diretor (m)	директор (м)	dírektor
gerente (m)	менаџер (м)	ménadžer
patrão, chefe (m)	шеф (м)	šef
superior (m)	шеф, начелник (м)	šef, náčelnik
superiores (m pl)	руководство (с)	rúkovodstvo
presidente (m)	председник (м)	prédsednik
presidente (m) de direção	председник (м)	prédsednik
substituto (m)	заменик (м)	zámenik
assistente (m)	помоћник (м)	pomóćnik
secretário (m)	секретар (м), секретарица (ж)	sekrétar, sekretárica

secretário (m) pessoal	лични секретар (м)	líčni sekrétar
homem (m) de negócios	бизнисмен (м)	bíznismen
empresário (m)	предузетник (м)	preduzétnik
fundador (m)	оснивач (м)	osnívač
fundar (vt)	основати (пr)	osnóvati
fundador, sócio (m)	оснивач (м)	osnívač
parceiro, sócio (m)	партнер (м)	pártner
acionista (m)	акционар (м)	akciónar
milionário (m)	милионер (м)	milióner
bilionário (m)	милијардер (м)	milijárder
proprietário (m)	власник (м)	vlásnik
proprietário (m) de terras	земљопоседник (м)	zemljopósednik
cliente (m)	клијент (м)	klíjent
cliente (m) habitual	стална муштерија (м)	stálna múšterija
comprador (m)	купац (м)	kúpac
visitante (m)	посетилац (м)	posétilac
profissional (m)	професионалац (м)	profesionálac
perito (m)	експерт (м)	ékspert
especialista (m)	стручњак (м)	strúčnjak
banqueiro (m)	банкар (м)	bánkar
corretor (m)	брокер (м)	bróker
caixa (m, f)	благајник (м)	blágajnik
contabilista (m)	књиговођа (м)	knjígovođa
guarda (m)	чувар (м)	čúvar
investidor (m)	инвеститор (м)	invéstitor
devedor (m)	дужник (м)	dúžnik
credor (m)	зајмодавац, поверилац (м)	zajmodávac, povérilac
mutuário (m)	зајмопримац (м)	zajmoprímac
importador (m)	увозник (м)	úvoznik
exportador (m)	извозник (м)	ízvoznik
produtor (m)	произвођач (м)	proizvóđač
distribuidor (m)	дистрибутер (м)	distribúter
intermediário (m)	посредник (м)	pósrednik
consultor (m)	саветодавац (м)	savetodávac
representante (m)	представник (м)	prédstavnik
agente (m)	агент (м)	ágent
agente (m) de seguros	агент (м) осигурања	ágent osiguránja

87. Profissões de serviços

cozinheiro (m)	кувар (м)	kúvar
cozinheiro chefe (m)	главни кувар (м)	glávni kúvar
padeiro (m)	пекар (м)	pékar
barman (m)	бармен (м)	bármen

empregado (m) de mesa	конобар (м)	kónobar
empregada (f) de mesa	конобарица (ж)	konobárica

advogado (m)	адвокат (м)	advókat
jurista (m)	правник (м)	právnik
notário (m)	јавни бележник (м)	jávni béležnik

eletricista (m)	електричар (м)	eléktričar
canalizador (m)	водоинсталатер (м)	vodoinstaláter
carpinteiro (m)	столар (м)	stólar

massagista (m)	масер (м)	máser
massagista (f)	масерка (ж)	máserka
médico (m)	лекар (м)	lékar

taxista (m)	таксиста (м)	táksista
condutor (automobilista)	возач (м)	vózač
entregador (m)	курир (м)	kúrir

camareira (f)	собарица (ж)	sóbarica
guarda (m)	чувар (м)	čúvar
hospedeira (f) de bordo	стјуардеса (ж)	stjuardésa

professor (m)	учитељ (м)	účitelj
bibliotecário (m)	библиотекар (м)	bibliotékar
tradutor (m)	преводилац (м)	prevódilac
intérprete (m)	преводилац (м)	prevódilac
guia (pessoa)	водич (м)	vódič

cabeleireiro (m)	фризер (м)	frízer
carteiro (m)	поштар (м)	póštar
vendedor (m)	продавач (м)	prodávač

jardineiro (m)	баштован (м)	báštovan
criado (m)	слуга (м)	slúga
criada (f)	слушкиња (ж)	slúškinja
empregada (f) de limpeza	чистачица (ж)	čistáčica

88. Profissões militares e postos

soldado (m) raso	редов (м)	rédov
sargento (m)	наредник (м)	nárednik
tenente (m)	поручник (м)	póručnik
capitão (m)	капетан (м)	kapétan

major (m)	мајор (м)	májor
coronel (m)	пуковник (м)	púkovnik
general (m)	генерал (м)	genéral
marechal (m)	маршал (м)	máršal
almirante (m)	адмирал (м)	admíral

militar (m)	војно лице (с)	vójno líce
soldado (m)	војник (м)	vójnik
oficial (m)	официр (м)	ofícir

comandante (m)	командант (м)	komándant
guarda (m) fronteiriço	граничар (м)	gráničar
operador (m) de rádio	радио оператер (м)	rádio operáter
explorador (m)	извиђач (м)	izvíđač
sapador (m)	деминер (м)	demíner
atirador (m)	стрелац (м)	strélac
navegador (m)	навигатор (м)	navígator

89. Oficiais. Padres

rei (m)	краљ (м)	kralj
rainha (f)	краљица (ж)	králjica
príncipe (m)	принц (м)	princ
princesa (f)	принцеза (ж)	princéza
czar (m)	цар (м)	car
czarina (f)	царица (ж)	cárica
presidente (m)	председник (м)	prédsednik
ministro (m)	министар (м)	mínistar
primeiro-ministro (m)	премијер (м)	prémijer
senador (m)	сенатор (м)	sénator
diplomata (m)	дипломат (м)	diplómat
cônsul (m)	конзул (м)	kónzul
embaixador (m)	амбасадор (м)	ambásador
conselheiro (m)	саветник (м)	sávetnik
funcionário (m)	чиновник (м)	činóvnik
prefeito (m)	префект (м)	préfekt
Presidente (m) da Câmara	градоначелник (м)	gradonáčelnik
juiz (m)	судија (м)	súdija
procurador (m)	тужилац (м)	túžilac
missionário (m)	мисионар (м)	misiónar
monge (m)	монах (м)	mónah
abade (m)	опат (м)	ópat
rabino (m)	рабин (м)	rábin
vizir (m)	везир (м)	vézir
xá (m)	шах (м)	šah
xeque (m)	шеик (м)	šéik

90. Profissões agrícolas

apicultor (m)	пчелар (м)	pčélar
pastor (m)	пастир, чобан (м)	pástir, čóban
agrónomo (m)	агроном (м)	agrónom
criador (m) de gado	сточар (м)	stóčar
veterinário (m)	ветеринар (м)	veterínar

agricultor (m)	фармер (м)	fármer
vinicultor (m)	винар (м)	vínar
zoólogo (m)	зоолог (м)	zoólog
cowboy (m)	кaубoj (м)	káuboj

91. Profissões artísticas

ator (m)	глумац (м)	glúmac
atriz (f)	глумица (ж)	glúmica
cantor (m)	певач (м)	pévač
cantora (f)	певачица (ж)	peváčica
bailarino (m)	плесач (м)	plésač
bailarina (f)	плесачица (ж)	plesáčica
artista (m)	Уметник (м)	Úmetnik
artista (f)	Уметница (ж)	Úmetnica
músico (m)	музичар (м)	múzičar
pianista (m)	пијаниста (м)	pijanísta
guitarrista (m)	гитариста (м)	gitárista
maestro (m)	диригент (м)	dírigent
compositor (m)	композитор (м)	kompózitor
empresário (m)	импресарио (м)	impresário
realizador (m)	редитељ (м)	réditelj
produtor (m)	продуцент (м)	prodúcent
argumentista (m)	сценариста (м)	scenárista
crítico (m)	критичар (м)	krítičar
escritor (m)	писац (м)	písac
poeta (m)	песник (м)	pésnik
escultor (m)	вајар (м)	vájar
pintor (m)	сликар (м)	slíkar
malabarista (m)	жонглер (м)	žóngler
palhaço (m)	кловн (м)	klovn
acrobata (m)	акробата (м)	akróbata
mágico (m)	мађионичар (м)	mađióničar

92. Várias profissões

médico (m)	лекар (м)	lékar
enfermeira (f)	медицинска сестра (ж)	médicinska séstra
psiquiatra (m)	психијатар (м)	psihijátar
estomatologista (m)	стоматолог (м)	stomatólog
cirurgião (m)	хирург (м)	hírurg
astronauta (m)	астронаут (м)	astronáut
astrónomo (m)	астроном (м)	astrónom

piloto (m)	пилот (м)	pílot
motorista (m)	возач (м)	vózač
maquinista (m)	машиновођа (м)	mašínóvođa
mecânico (m)	механичар (м)	mehánicar
mineiro (m)	рудар (м)	rúdar
operário (m)	радник (м)	rádnik
serralheiro (m)	бравар (м)	brávar
marceneiro (m)	столар (м)	stólar
torneiro (m)	стругар (м)	strúgar
construtor (m)	грађевинар (м)	građevínar
soldador (m)	варилац (м)	várilac
professor (m) catedrático	професор (м)	prófesor
arquiteto (m)	архитекта (м)	arhitékta
historiador (m)	историчар (м)	istóričar
cientista (m)	научник (м)	náučnik
físico (m)	физичар (м)	fízičar
químico (m)	хемичар (м)	hémičar
arqueólogo (m)	археолог (м)	arheólog
geólogo (m)	геолог (м)	geólog
pesquisador (cientista)	истраживач (м)	istražívač
babysitter (f)	дадиља (ж)	dádilja
professor (m)	учитељ, наставник (м)	účitelj, nástavnik
redator (m)	уредник (м)	úrednik
redator-chefe (m)	главни уредник (м)	glávni úrednik
correspondente (m)	дописник (м)	dópisnik
datilógrafa (f)	дактилографкиња (ж)	daktilógrafkinja
designer (m)	дизајнер (м)	dizájner
especialista (m) em informática	компјутерски стручњак (м)	kompjúterski strúčnjak
programador (m)	програмер (м)	prográmer
engenheiro (m)	инжењер (м)	inžénjer
marujo (m)	поморац, морнар (м)	pómorac, mórnar
marinheiro (m)	морнар (м)	mórnar
salvador (m)	спасилац (м)	spásilac
bombeiro (m)	ватрогасац (м)	vatrogásac
polícia (m)	полицајац (м)	policájac
guarda-noturno (m)	чувар (м)	čúvar
detetive (m)	детектив (м)	detéktiv
funcionário (m) da alfândega	цариник (м)	cárinik
guarda-costas (m)	телохранитељ (м)	telohránitelj
guarda (m) prisional	чувар (м)	čúvar
inspetor (m)	инспектор (м)	ínspektor
desportista (m)	спортиста (м)	sportísta
treinador (m)	тренер (м)	tréner
talhante (m)	касапин (м)	kásapin
sapateiro (m)	обућар (м)	óbućar

comerciante (m)	трговац (м)	tŕgovac
carregador (m)	утоваривач (м)	utovarívač
estilista (m)	модни креатор (м)	módni kreátor
modelo (f)	манекенка (ж)	manékenka

93. Ocupações. Estatuto social

aluno, escolar (m)	ђак (м)	đak
estudante (~ universitária)	студент (м)	stúdent
filósofo (m)	филозоф (м)	filózof
economista (m)	економиста (м)	ekonómista
inventor (m)	проналазач (м)	pronalázač
desempregado (m)	незапослен (м)	nezáposlen
reformado (m)	пензионер (м)	penzióner
espião (m)	шпијун (м)	špíjun
preso (m)	затвореник (м)	zatvorénik
grevista (m)	штрајкач (м)	štrájkač
burocrata (m)	бирократа (м)	birókrata
viajante (m)	путник (м)	pútnik
homossexual (m)	хомосексуалац (м)	homoseksuálac
hacker (m)	хакер (м)	háker
hippie	хипији (мн)	hípiji
bandido (m)	бандит (м)	bándit
assassino (m) a soldo	плаћени убица (м)	pláćeni úbica
toxicodependente (m)	наркоман (м)	nárkoman
traficante (m)	продавац (м) дроге	prodávac dróge
prostituta (f)	проститутка (ж)	próstitutka
chulo (m)	макро (м)	mákro
bruxo (m)	чаробњак (м)	čaróbnjak
bruxa (f)	чаробница (ж)	čárobnica
pirata (m)	гусар (м)	gúsar
escravo (m)	роб (м)	rob
samurai (m)	самурај (м)	samúraj
selvagem (m)	дивљак (м)	dívljak

Educação

94. Escola

escola (f)	школа (ж)	škóla
diretor (m) de escola	директор (м)	dírektor
aluno (m)	ученик (м)	účenik
aluna (f)	ученица (ж)	účenica
escolar (m)	школарац, ђак (м)	škólarac, đak
escolar (f)	школарка, ђак (ж)	škólarka, đak
ensinar (vt)	учити (пг)	účiti
aprender (vt)	учити (пг)	účiti
aprender de cor	учити напамет	účiti nápamet
estudar (vi)	учити (нг)	účiti
andar na escola	ходати у школу	hódati u škólu
ir à escola	ићи у школу	íći u škólu
alfabeto (m)	азбука, абецеда (ж)	ázbuka, abecéda
disciplina (f)	предмет (м)	prédmet
sala (f) de aula	учионица (ж)	učiónica
lição (f)	час (м)	čas
recreio (m)	одмор (м)	ódmor
toque (m)	звоно (с)	zvóno
carteira (f)	клупа (ж)	klúpa
quadro (m) negro	школска табла (ж)	škólska tábla
nota (f)	оцена (ж)	ócena
boa nota (f)	добра оцена (ж)	dóbra ócena
nota (f) baixa	лоша оцена (ж)	lóša ócena
dar uma nota	давати оцену	dávati ócenu
erro (m)	грешка (ж)	gréška
fazer erros	правити грешке	práviti gréške
corrigir (vt)	исправљати (пг)	íspravljati
cábula (f)	пушкица (ж)	púškica
dever (m) de casa	домаћи задатак (м)	dómaći zadátak
exercício (m)	вежба (ж)	véžba
estar presente	присуствовати (нг)	prísustvovati
estar ausente	одсуствовати (нг)	ódsustvovati
faltar às aulas	пропуштати школу	propúštati škólu
punir (vt)	кажњавати (пг)	kažnjávati
punição (f)	казна (ж)	kázna
comportamento (m)	понашање (с)	ponášanje

boletim (m) escolar	ђачка књижица (ж)	đáčka knjížica
lápis (m)	оловка (ж)	ólovka
borracha (f)	гумица (ж)	gúmica
giz (m)	креда (ж)	kréda
estojo (m)	перница (ж)	pérnica
pasta (f) escolar	торба (ж)	tórba
caneta (f)	оловка (ж)	ólovka
caderno (m)	свеска (ж)	svéska
manual (m) escolar	уџбеник (м)	údžbenik
compasso (m)	шестар (м)	šéstar
traçar (vt)	цртати (нг, пг)	cŕtati
desenho (m) técnico	цртеж (м)	cŕtež
poesia (f)	песма (ж)	pésma
de cor	напамет	nápamet
aprender de cor	учити напамет	účiti nápamet
férias (f pl)	распуст (м)	ráspust
estar de férias	бити на распусту	bíti na ráspustu
passar as férias	провести распуст	próvesti ráspust
teste (m)	контролни рад (м)	kóntrolni rad
composição, redação (f)	састав (м)	sástav
ditado (m)	диктат (м)	díktat
exame (m)	испит (м)	íspit
fazer exame	полагати испит	polágati íspit
experiência (~ química)	експеримент (м)	eksperíment

95. Colégio. Universidade

academia (f)	академија (ж)	akadémija
universidade (f)	универзитет (м)	univerzitét
faculdade (f)	факултет (м)	fakúltet
estudante (m)	студент (м)	stúdent
estudante (f)	студенткиња (ж)	stúdentkinja
professor (m)	предавач (м)	predávač
sala (f) de palestras	слушаоница (ж)	slušaónica
graduado (m)	дипломац (м)	diplómac
diploma (m)	диплома (ж)	diplóma
tese (f)	дисертација (ж)	disertácija
estudo (obra)	истраживање (с)	istražívanje
laboratório (m)	лабораторија (ж)	laboratórija
palestra (f)	предавање (с)	predávanje
colega (m) de curso	факултетски друг (м)	fakúltetski drug
bolsa (f) de estudos	стипендија (ж)	stipéndija
grau (m) académico	академски степен (м)	ákademski stépen

96. Ciências. Disciplinas

matemática (f)	математика (ж)	matemátika
álgebra (f)	алгебра (ж)	álgebra
geometria (f)	геометрија (ж)	geométrija

astronomia (f)	астрономија (ж)	astronómija
biologia (f)	биологија (ж)	biológija
geografia (f)	географија (ж)	geográfija
geologia (f)	геологија (ж)	geológija
história (f)	историја (ж)	istórija

medicina (f)	медицина (ж)	medicína
pedagogia (f)	педагогија (ж)	pedagógija
direito (m)	право (с)	právo

física (f)	физика (ж)	fízika
química (f)	хемија (ж)	hémija
filosofia (f)	филозофија (ж)	filozófija
psicologia (f)	психологија (ж)	psihológija

97. Sistema de escrita. Ortografia

gramática (f)	граматика (ж)	gramátika
vocabulário (m)	лексикон (м)	léksikon
fonética (f)	фонетика (ж)	fonétika

substantivo (m)	именица (ж)	ímenica
adjetivo (m)	придев (м)	prídev
verbo (m)	глагол (м)	glágol
advérbio (m)	прилог (м)	prílog

pronome (m)	заменица (ж)	zámenica
interjeição (f)	узвик (м)	úzvik
preposição (f)	предлог (м)	prédlog

raiz (f) da palavra	корен (м) речи	koŕen réči
terminação (f)	наставак (м)	nástavak
prefixo (m)	префикс (м)	préfiks
sílaba (f)	слог (м)	slog
sufixo (m)	суфикс (м)	súfiks

acento (m)	акцент (м)	ákcent
apóstrofo (m)	апостроф (м)	ápostrof

ponto (m)	тачка (ж)	táčka
vírgula (f)	зарез (м)	zárez
ponto e vírgula (m)	тачка (ж) и зарез	táčka i zárez
dois pontos (m pl)	две тачке (мн)	dve táčke
reticências (f pl)	три тачке (мн)	tri táčke

ponto (m) de interrogação	упитник (м)	úpitnik
ponto (m) de exclamação	ускличник, узвичник (м)	úskličnik, úzvičnik

aspas (f pl)	наводници (мн)	návodnici
entre aspas	под наводницима	pod návodnicima
parênteses (m pl)	заграда (ж)	zágrada
entre parênteses	у загради	u zágradi
hífen (m)	цртица (ж)	cŕtica
travessão (m)	повлака (ж)	póvlaka
espaço (m)	размак (м)	rázmak
letra (f)	слово (с)	slóvo
letra (f) maiúscula	велико слово (с)	véliko slóvo
vogal (f)	самогласник (м)	sámoglasnik
consoante (f)	сугласник (м)	súglasnik
frase (f)	реченица (ж)	rečénica
sujeito (m)	субјект (м)	súbjekt
predicado (m)	предикат (м)	prédikat
linha (f)	ред (м)	red
em uma nova linha	у новом реду	u nóvom rédu
parágrafo (m)	пасус (м)	pásus
palavra (f)	реч (ж)	reč
grupo (m) de palavras	група (ж) речи	grúpa réči
expressão (f)	израз (м)	ízraz
sinónimo (m)	синоним (м)	sinónim
antónimo (m)	антоним (м)	antónim
regra (f)	правило (с)	právilo
exceção (f)	изузетак (м)	izuzétak
correto	исправан	íspravan
conjugação (f)	коњугација (ж)	konjugácija
declinação (f)	деклинација (ж)	deklinácija
caso (m)	падеж (м)	pádež
pergunta (f)	питање (с)	pítanje
sublinhar (vt)	подвући (пг)	pódvući
linha (f) pontilhada	испрекидана линија (ж)	isprékidana línija

98. Línguas estrangeiras

língua (f)	језик (м)	jézik
estrangeiro	стран	stran
língua (f) estrangeira	страни језик (м)	stráni jézik
estudar (vt)	студирати (пг)	studírati
aprender (vt)	учити (пг)	účiti
ler (vt)	читати (нг, пг)	čítati
falar (vi)	говорити (нг)	govóriti
compreender (vt)	разумевати (пг)	razumévati
escrever (vt)	писати (пг)	písati
rapidamente	брзо	bŕzo
devagar	споро, полако	spóro, poláko

fluentemente	течно	téčno
regras (f pl)	правила (мн)	právila
gramática (f)	граматика (ж)	gramátika
vocabulário (m)	лексикон (м)	léksikon
fonética (f)	фонетика (ж)	fonétika

manual (m) escolar	уџбеник (м)	údžbenik
dicionário (m)	речник (м)	réčnik
manual (m) de autoaprendizagem	приручник (м)	príručnik
guia (m) de conversação	приручник (м) за конверзацију	príručnik za konverzáciju

cassete (f)	касета (ж)	kaséta
vídeo cassete (m)	видео касета (ж)	vídeo kaséta
CD (m)	ЦД диск (м)	CD disk
DVD (m)	ДВД (м)	DVD

alfabeto (m)	азбука, абецеда (ж)	ázbuka, abecéda
soletrar (vt)	спеловати (пг)	spélovati
pronúncia (f)	изговор (м)	ízgovor

sotaque (m)	нагласак (м)	náglasak
com sotaque	са нагласком	sa náglaskom
sem sotaque	без нагласка	bez náglaska

palavra (f)	реч (ж)	reč
sentido (m)	смисао (м)	smísao

cursos (m pl)	течај (м)	téčaj
inscrever-se (vr)	уписати се	upísati se
professor (m)	професор (м)	prófesor

tradução (processo)	превођење (с)	prevođenje
tradução (texto)	превод (м)	prévod
tradutor (m)	преводилац (м)	prevódilac
intérprete (m)	преводилац (м)	prevódilac

poliglota (m)	полиглота (м)	poliglóta
memória (f)	памћење (с)	pámćenje

Descanso. Entretenimento. Viagens

99. Viagens

turismo (m)	туризам (м)	turízam
turista (m)	туриста (м)	turísta
viagem (f)	путовање (с)	putovánje
aventura (f)	авантура (ж)	avantúra
viagem (f)	путовање (с)	putovánje
férias (f pl)	одмор (м)	ódmor
estar de férias	бити на годишњем одмору	bíti na gódišnjem ódmoru
descanso (m)	одмор (м)	ódmor
comboio (m)	воз (м)	voz
de comboio (chegar ~)	возом	vózom
avião (m)	авион (м)	avíon
de avião	авионом	aviónom
de carro	колима, аутом	kólima, áutom
de navio	бродом	bródom
bagagem (f)	пртљаг (м)	pŕtljag
mala (f)	кофер (м)	kófer
carrinho (m)	колица (мн) за пртљаг	kolíca za pŕtljag
passaporte (m)	пасош (м)	pásoš
visto (m)	виза (ж)	víza
bilhete (m)	карта (ж)	kárta
bilhete (m) de avião	авионска карта (ж)	aviónska kárta
guia (m) de viagem	водич (м)	vódič
mapa (m)	мапа (ж)	mápa
local (m), area (f)	подручје (с)	pódručje
lugar, sítio (m)	место (с)	mésto
exotismo (m)	егзотика (ж)	egzótika
exótico	егзотичан	egzótičan
surpreendente	диван	dívan
grupo (m)	група (ж)	grúpa
excursão (f)	екскурзија (ж)	ekskúrzija
guia (m)	водич (м)	vódič

100. Hotel

hotel (m)	хотел (м)	hótel
motel (m)	мотел (м)	mótel

três estrelas	три звездице	tri zvézdice
cinco estrelas	пет звездица	pet zvézdica
ficar (~ num hotel)	одсести (нг)	ódsesti
quarto (m)	соба (ж)	sóba
quarto (m) individual	једнокреветна соба (ж)	jédnokrevetna sóba
quarto (m) duplo	двокреветна соба (ж)	dvókrevetna sóba
reservar um quarto	резервисати собу	rezervísati sóbu
meia pensão (f)	полупансион (м)	polupansíon
pensão (f) completa	пун пансион (м)	pun pansíon
com banheira	са кадом	sa kádom
com duche	са тушем	sa túšem
televisão (m) satélite	сателитска телевизија (ж)	satelítska televízija
ar (m) condicionado	клима (ж)	klíma
toalha (f)	пешкир (м)	péškir
chave (f)	кључ (м)	ključ
administrador (m)	администратор (м)	administrátor
camareira (f)	собарица (ж)	sóbarica
bagageiro (m)	носач (м)	nósač
porteiro (m)	вратар (м)	vrátar
restaurante (m)	ресторан (м)	restóran
bar (m)	бар (м)	bar
pequeno-almoço (m)	доручак (м)	dóručak
jantar (m)	вечера (ж)	véčera
buffet (m)	шведски сто (м)	švédski sto
hall (m) de entrada	фоаје (м)	foáje
elevador (m)	лифт (м)	lift
NÃO PERTURBE	НЕ УЗНЕМИРАВАТИ	NE UZNEMIRAVATI
PROIBIDO FUMAR!	ЗАБРАЊЕНО ПУШЕЊЕ	ZABRANJENO PUŠENJE

EQUIPAMENTO TÉCNICO. TRANSPORTES

Equipamento técnico. Transportes

101. Computador

computador (m)	рачунар (м)	računar
portátil (m)	лаптоп (м)	láptop
ligar (vt)	укључити (пг)	uključiti
desligar (vt)	искључити (пг)	isključiti
teclado (m)	тастатура (ж)	tastatúra
tecla (f)	тастер (м)	táster
rato (m)	миш (ж)	miš
tapete (m) de rato	подлога (ж) за миша	pódloga za miša
botão (m)	дугме (с)	dúgme
cursor (m)	курсор (м)	kúrsor
monitor (m)	монитор (м)	mónitor
ecrã (m)	екран (м)	ékran
disco (m) rígido	хард диск (м)	hard disk
capacidade (f) do disco rígido	капацитет (м) хард диска	kapacítet hard díska
memória (f)	меморија (ж)	mémorija
memória RAM (f)	РАМ меморија (ж)	RAM mémorija
ficheiro (m)	фајл (м)	fajl
pasta (f)	фолдер (м)	fólder
abrir (vt)	отворити (пг)	ótvoriti
fechar (vt)	затворити (пг)	zatvóriti
guardar (vt)	снимити, сачувати (пг)	snímiti, sačúvati
apagar, eliminar (vt)	избрисати (пг)	ízbrisati
copiar (vt)	копирати (пг)	kopírati
ordenar (vt)	сортирати (пг)	sortírati
copiar (vt)	пребацити (пг)	prebáciti
programa (m)	програм (м)	prógram
software (m)	софтвер (м)	sóftver
programador (m)	програмер (м)	prográmer
programar (vt)	програмирати (пг)	programírati
hacker (m)	хакер (м)	háker
senha (f)	лозинка (ж)	lózinka
vírus (m)	вирус (м)	vírus
detetar (vt)	пронаћи (пг)	prónaći
byte (m)	бајт (м)	bajt

megabyte (m)	мегабајт (м)	mégabajt
dados (m pl)	подаци (мн)	pódaci
base (f) de dados	база (ж) података	báza pódataka
cabo (m)	кабл (м)	kabl
desconectar (vt)	искључити (пг)	iskljúčiti
conetar (vt)	спојити (пг)	spójiti

102. Internet. E-mail

internet (f)	интернет (м)	ínternet
browser (m)	прегледач (м)	prégledač
motor (m) de busca	претраживач (м)	pretražívač
provedor (m)	провајдер (м)	provájder
webmaster (m)	вебмастер (м)	vebmáster
website, sítio web (m)	веб-сајт (м)	veb-sajt
página (f) web	веб-страница (ж)	veb-stránica
endereço (m)	адреса (ж)	adrésa
livro (m) de endereços	адресар (м)	adrésar
caixa (f) de correio	поштанско сандуче (с)	póštansko sánduče
correio (m)	пошта (ж)	póšta
cheia (caixa de correio)	пун	pun
mensagem (f)	порука (ж)	póruka
mensagens (f pl) recebidas	долазне поруке (мн)	dólazne póruke
mensagens (f pl) enviadas	одлазне поруке (мн)	ódlazne póruke
remetente (m)	пошиљалац (м)	póšiljalac
enviar (vt)	послати (пг)	póslati
envio (m)	слање (с)	slánje
destinatário (m)	прималац (м)	prímalac
receber (vt)	примити (пг)	prímiti
correspondência (f)	дописивање (с)	dopisívanje
corresponder-se (vr)	водити преписку	vóditi prépisku
ficheiro (m)	фајл (м)	fajl
fazer download, baixar	преузети (пг)	preúzeti
criar (vt)	створити (пг)	stvóriti
apagar, eliminar (vt)	избрисати (пг)	ízbrisati
eliminado	избрисан	ízbrisan
conexão (f)	веза (ж)	véza
velocidade (f)	брзина (ж)	brzína
modem (m)	модем (м)	módem
acesso (m)	приступ (м)	prístup
porta (f)	порт (м)	port
conexão (f)	повезивање (с)	povezívanje
conetar (vi)	повезати се	povézati se
escolher (vt)	изабрати (пг)	izábrati
buscar (vt)	тражити (пг)	trážiti

103. Eletricidade

eletricidade (f)	струја (ж)	strúja
elétrico	електрични	eléktrični
central (f) elétrica	електрана (ж)	elektrána
energia (f)	енергија (ж)	enérgija
energia (f) elétrica	електрична енергија (ж)	eléktrična enérgija
lâmpada (f)	сијалица (ж)	síjalica
lanterna (f)	батеријска лампа (ж)	batérijska lámpa
poste (m) de iluminação	улична расвета (ж)	úlična rásveta
luz (f)	светло (с)	svétlo
ligar (vt)	укључивати (нг)	uključívati
desligar (vt)	угасити (нг)	ugásiti
apagar a luz	угасити светло	ugásiti svétlo
fundir (vi)	прегорети (нг)	pregóreti
curto-circuito (m)	кратак спој (м)	krátak spoj
rutura (f)	прекид (м)	prékid
contacto (m)	контакт (м)	kóntakt
interruptor (m)	прекидач (м)	prekídač
tomada (f)	утичница (ж)	útičnica
ficha (f)	утикач (м)	utíkač
extensão (f)	продужни кабл (м)	pródužni kabl
fusível (m)	осигурач (м)	osigúrač
fio, cabo (m)	жица (ж), кабл (м)	žíca, kabl
instalação (f) elétrica	електрична инсталација (ж)	eléktrična instalácija
ampere (m)	ампер (м)	ámper
amperagem (f)	јачина (ж) струје	jačína strúje
volt (m)	волт (м)	volt
voltagem (f)	напон (м)	nápon
aparelho (m) elétrico	електрични апарат (м)	eléktrični apárat
indicador (m)	индикатор (м)	indikátor
eletricista (m)	електричар (м)	eléktričar
soldar (vt)	лемити (нг)	lémiti
ferro (m) de soldar	лемилица (с)	lémilica
corrente (f) elétrica	струја (ж)	strúja

104. Ferramentas

ferramenta (f)	алат (м)	álat
ferramentas (f pl)	алати (мн)	álati
equipamento (m)	опрема (ж)	óprema
martelo (m)	чекић (м)	čékić
chave (f) de fendas	шрафцигер (м)	šráfciger

machado (m)	секира (ж)	sekíra
serra (f)	тестера (ж)	téstera
serrar (vt)	тестерисати (пг)	testérisati
plaina (f)	блања (ж)	blánja
aplainar (vt)	стругати (пг)	strúgati
ferro (m) de soldar	лемилица (с)	lémilica
soldar (vt)	лемити (пг)	lémiti
lima (f)	турпија (ж)	túrpija
tenaz (f)	клешта (ж)	klésta
alicate (m)	пљосната клешта (ж)	pljósnata klésta
formão (m)	длето (с)	dléto
broca (f)	бургија (ж)	búrgija
berbequim (f)	бушилица (ж)	búšilica
furar (vt)	бушити (пг)	búšiti
faca (f)	нож (м)	nož
lâmina (f)	сечиво (с)	séčivo
afiado	оштар	óštar
cego	тупи	túpi
embotar-se (vr)	затупити се	zatúpiti se
afiar, amolar (vt)	оштрити (пг)	óštriti
parafuso (m)	завртањ (м)	závrtanj
porca (f)	навртка (ж)	návrtka
rosca (f)	навој (м)	návoj
parafuso (m) para madeira	шраф (м)	šraf
prego (m)	ексер (м)	ékser
cabeça (f) do prego	глава (ж)	gláva
régua (f)	лењир (м)	lénjir
fita (f) métrica	метар (м)	métar
nível (m)	либела (ж)	libéla
lupa (f)	лупа (ж)	lúpa
medidor (m)	апарат (м) за мерење	apárat za mérenje
medir (vt)	измерити (пг)	ízmeriti
escala (f)	скала (ж)	skála
indicação (f), registo (m)	стање (с)	stánje
compressor (m)	компресор (м)	kómprésor
microscópio (m)	микроскоп (м)	míkroskop
bomba (f)	пумпа (ж)	púmpa
robô (m)	робот (м)	róbot
laser (m)	ласер (м)	láser
chave (f) de boca	матични кључ (м)	mátični ključ
fita (f) adesiva	лепљива трака (ж)	lépljiva tráka
cola (f)	лепак (м)	lépak
lixa (f)	шмиргла (ж)	šmírgla
mola (f)	опруга (ж)	ópruga

íman (m)	магнет (м)	mágnet
luvas (f pl)	рукавице (мн)	rukávice
corda (f)	уже (с)	úže
cordel (m)	врпца (ж)	vŕpca
fio (m)	жица (ж), кабл (м)	žíca, kabl
cabo (m)	кабл (м)	kabl
marreta (f)	маљ (м)	malj
pé de cabra (m)	ћускија (ж)	ćúskija
escada (f) de mão	мердевине (мн)	mérdevine
escadote (m)	мердевине (мн) на расклапање	mérdevine na rásklapanje
enroscar (vt)	завртати (нг)	závrtati
desenroscar (vt)	одвртати (нг)	ódvrtati
apertar (vt)	стезати (нг)	stézati
colar (vt)	прилепити (нг)	prilépiti
cortar (vt)	сећи (нг)	séći
falha (mau funcionamento)	неисправност (ж)	neisprávnost
conserto (m)	поправка (ж)	pópravka
consertar, reparar (vt)	поправљати (нг)	pópravljati
regular, ajustar (vt)	регулисати (нг)	regulísati
verificar (vt)	проверавати (нг)	proverávati
verificação (f)	провера (ж)	próvera
indicação (f), registo (m)	стање (с)	stánje
seguro	поуздан	póuzdan
complicado	сложен	slóžen
enferrujar (vi)	рђати (нг)	ŕđati
enferrujado	рђав	rđav
ferrugem (f)	рђа (ж)	ŕđa

Transportes

105. Avião

avião (m)	авион (м)	avíon
bilhete (m) de avião	авионска карта (ж)	aviónska kárta
companhia (f) aérea	авио-компанија (ж)	ávio-kompánija
aeroporto (m)	аеродром (м)	aeródrom
supersónico	суперсоничан	supersóničan
comandante (m) do avião	капетан (м) авиона	kapétan avíona
tripulação (f)	посада (ж)	pósada
piloto (m)	пилот (м)	pílot
hospedeira (f) de bordo	стјуардеса (ж)	stjuardésa
copiloto (m)	навигатор (м)	navígator
asas (f pl)	крила (мн)	kríla
cauda (f)	реп (м)	rep
cabine (f) de pilotagem	кабина (ж)	kabína
motor (m)	мотор (м)	mótor
trem (m) de aterragem	шасија (ж)	šásija
turbina (f)	турбина (ж)	turbína
hélice (f)	пропелер (м)	propéler
caixa-preta (f)	црна кутија (ж)	cŕna kútija
coluna (f) de controlo	управљач (м)	uprávljač
combustível (m)	гориво (м)	górivo
instruções (f pl) de segurança	упутство (с) за ванредне ситуације	úputstvo za vanredne situácije
máscara (f) de oxigénio	маска (ж) за кисеоник	máska za kiseónik
uniforme (m)	униформа (ж)	úniforma
colete (m) salva-vidas	прслук (м) за спасавање	pŕsluk za spásavanje
paraquedas (m)	падобран (м)	pádobran
descolagem (f)	полетање, узлетање (с)	polétanje, uzlétanje
descolar (vi)	полетати (нг)	polétati
pista (f) de descolagem	писта (ж)	písta
visibilidade (f)	видљивост (ж)	vídljivost
voo (m)	лет (м)	let
altura (f)	висина (ж)	visína
poço (m) de ar	ваздушни цеп (м)	vázdušni džep
assento (m)	седиште (с)	sédište
auscultadores (m pl)	слушалице (мн)	slúšalice
mesa (f) rebatível	сточић (м) на расклапање	stóčić na rasklápanje
vigia (f)	прозор (м)	prózor
passagem (f)	пролаз (м)	prólaz

106. Comboio

comboio (m)	воз (м)	voz
comboio (m) suburbano	електрични воз (м)	eléktrični voz
comboio (m) rápido	брзи воз (м)	bŕzi voz
locomotiva (f) diesel	дизел локомотива (ж)	dízel lokomotíva
locomotiva (f) a vapor	парна локомотива (ж)	párna lokomotíva
carruagem (f)	вагон (м)	vágon
carruagem restaurante (f)	вагон ресторан (м)	vágon restóran
carris (m pl)	шине (мн)	šíne
caminho de ferro (m)	железница (ж)	žéleznica
travessa (f)	праг (м)	prag
plataforma (f)	перон (м)	péron
linha (f)	колосек (м)	kólosek
semáforo (m)	семафор (м)	sémafor
estação (f)	станица (ж)	stánica
maquinista (m)	машиновођа (м)	mašinóvođa
bagageiro (m)	носач (м)	nósač
hospedeiro, -a (da carruagem)	послужитељ (м) у возу	poslúžitelj u vózu
passageiro (m)	путник (м)	pútnik
revisor (m)	контролер (м)	kontróler
corredor (m)	ходник (м)	hódnik
freio (m) de emergência	кочница (ж)	kóčnica
compartimento (m)	купе (м)	kúpe
cama (f)	лежај (м)	léžaj
cama (f) de cima	горњи лежај (м)	górnji léžaj
cama (f) de baixo	доњи лежај (м)	dónji léžaj
roupa (f) de cama	постељина (ж)	posteljína
bilhete (m)	карта (ж)	kárta
horário (m)	ред (м) вожње	red vóžnje
painel (m) de informação	табла (ж)	tábla
partir (vt)	одлазити (нг)	ódlaziti
partida (f)	полазак (м)	pólazak
chegar (vi)	долазити (нг)	dólaziti
chegada (f)	долазак (м)	dólazak
chegar de comboio	доћи возом	dóći vózom
apanhar o comboio	сести у воз	sésti u voz
sair do comboio	сићи с воза	síći s vóza
acidente (m) ferroviário	железничка несрећа (ж)	žélezníčka nésreća
descarrilar (vi)	исклизнути из шина	ískliznuti iz šína
locomotiva (f) a vapor	парна локомотива (ж)	párna lokomotíva
fogueiro (m)	ложач (м)	lóžač
fornalha (f)	ложиште (с)	lóžište
carvão (m)	угаљ (м)	úgalj

107. Barco

Português	Сербиан	Transcrição
navio (m)	брод (м)	brod
embarcação (f)	брод (м)	brod
vapor (m)	пароброд (м)	párobrod
navio (m)	речни брод (м)	réčni brod
transatlântico (m)	прекоокеански брод (м)	prekookéanski brod
cruzador (m)	крстарица (ж)	krstárica
iate (m)	јахта (ж)	jáhta
rebocador (m)	тегљач (м)	tégljač
barcaça (f)	шлеп (м)	šlép
ferry (m)	трајект (м)	trájekt
veleiro (m)	једрењак (м)	jedrénjak
bergantim (m)	бригантина (ж)	brigantína
quebra-gelo (m)	ледоломац (м)	ledolómac
submarino (m)	подморница (ж)	pódmornica
bote, barco (m)	чамац (м)	čámac
bote, dingue (m)	чамац (м)	čámac
bote (m) salva-vidas	чамац (м) за спасавање	čámac za spásavanje
lancha (f)	моторни брод (м)	mótorni brod
capitão (m)	капетан (м)	kapétan
marinheiro (m)	морнар (м)	mórnar
marujo (m)	поморац, морнар (м)	pómorac, mórnar
tripulação (f)	посада (ж)	pósada
contramestre (m)	вођа (м) палубе	vóđa pálube
grumete (m)	бродски момак (м)	bródski mómak
cozinheiro (m) de bordo	кувар (м)	kúvar
médico (m) de bordo	бродски лекар (м)	bródski lékar
convés (m)	палуба (ж)	páluba
mastro (m)	јарбол (м)	járbol
vela (f)	једро (с)	jédro
porão (m)	потпалубље (с)	pótpalublje
proa (f)	прамац (м)	prámac
popa (f)	крма (ж)	kŕma
remo (m)	весло (с)	véslo
hélice (f)	бродски пропелер (м)	bródski propéler
camarote (m)	кабина (ж)	kabína
sala (f) dos oficiais	официрска менза (ж)	ofícirska ménza
sala (f) das máquinas	стројарница (ж)	strójarnica
ponte (m) de comando	капетански мост (м)	kapétanski most
sala (f) de comunicações	радио кабина (ж)	rádio kabína
onda (f) de rádio	талас (м)	tálas
diário (m) de bordo	бродски дневник (м)	bródski dnévnik
luneta (f)	дурбин (м)	dúrbin
sino (m)	звоно (с)	zvóno

bandeira (f)	застава (ж)	zástava
cabo (m)	конопац (м)	kónopac
nó (m)	чвор (м)	čvor

corrimão (m)	рукохват (м)	rúkohvat
prancha (f) de embarque	рампа (ж)	rámpa

âncora (f)	сидро (с)	sídro
recolher a âncora	дићи сидро	díći sídro
lançar a âncora	спустити сидро	spústiti sídro
amarra (f)	сидрени ланац (м)	sídreni lánac

porto (m)	лука (ж)	lúka
cais, amarradouro (m)	пристаниште (с)	prístanište
atracar (vi)	пристајати (нг)	prístajati
desatracar (vi)	отпловити (нг)	otplóviti

viagem (f)	путовање (с)	putovánje
cruzeiro (m)	крстарење (с)	krstárenje
rumo (m), rota (f)	правац, курс (м)	právac, kurs
itinerário (m)	маршрута (ж)	maršrúta

canal (m) navegável	пловни пут (м)	plóvni put
banco (m) de areia	плићак (м)	plíćak
encalhar (vt)	насукати се	násukati se

tempestade (f)	олуја (ж)	olúja
sinal (m)	сигнал (м)	sígnal
afundar-se (vr)	тонути (нг)	tónuti
Homem ao mar!	Човек у мору!	Čóvek u móru!
SOS	СОС	SOS
boia (f) salva-vidas	појас (м) за спасавање	pójas za spasávanje

108. Aeroporto

aeroporto (m)	аеродром (м)	aeródrom
avião (m)	авион (м)	avíon
companhia (f) aérea	авио-компанија (ж)	ávio-kompánija
controlador (m) de tráfego aéreo	контролор (м) лета	kontrólor léta

partida (f)	полазак (м)	pólazak
chegada (f)	долазак (м)	dólazak
chegar (~ de avião)	долетети (нг)	doléteti

hora (f) de partida	време (с) поласка	vréme pólaska
hora (f) de chegada	време (с) доласка	vréme dólaska

estar atrasado	каснити (нг)	kásniti
atraso (m) de voo	кашњење (с) лета	kášnjenje léta

painel (m) de informação	информативна табла (ж)	ínformativna tábla
informação (f)	информација (ж)	informácija
anunciar (vt)	објављивати (нг)	objavljívati

voo (m)	лет (м)	let
alfândega (f)	царина (ж)	cárina
funcionário (m) da alfândega	цариник (м)	cárinik
declaração (f) alfandegária	царинска декларација (ж)	cárinska deklarácija
preencher (vt)	попунити (пг)	pópuniti
preencher a declaração	попунити декларацију	pópuniti deklaráciju
controlo (m) de passaportes	пасошка контрола (ж)	pásoška kontróla
bagagem (f)	пртљаг (м)	pŕtljag
bagagem (f) de mão	ручни пртљаг (м)	rúčni pŕtljag
carrinho (m)	колица (мн) за пртљаг	kolíca za pŕtljag
aterragem (f)	слетање (с)	slétanje
pista (f) de aterragem	писта (ж) за слетање	písta za slétanje
aterrar (vi)	спуштати се	spúštati se
escada (f) de avião	степенице (мн)	stépenice
check-in (m)	регистрација (ж), чекирање (с)	registrácija, čekíranje
balcão (m) do check-in	шалтер (м) за чекирање	šálter za čekíranje
fazer o check-in	пријавити се	prijáviti se
cartão (m) de embarque	бординг карта (ж)	bórding kárta
porta (f) de embarque	излаз (м)	ízlaz
trânsito (m)	транзит (м)	tránzit
esperar (vi, vt)	чекати (нг, пг)	čékati
sala (f) de espera	чекаоница (ж)	čekaónica
despedir-se de …	пратити (пг)	prátiti
despedir-se (vr)	опраштати се	opráštati se

Eventos

109. Férias. Evento

festa (f)	празник (м)	práznik
festa (f) nacional	национални празник (м)	nacionálni práznik
feriado (m)	празничан дан (м)	prázničan dan
festejar (vt)	празновати (пг)	práznovati
evento (festa, etc.)	догађај (м)	dógađaj
evento (banquete, etc.)	догађај (м)	dógađaj
banquete (m)	банкет (м)	bánket
receção (f)	дочек, пријем (м)	dóček, príjem
festim (m)	гозба (ж)	gózba
aniversário (m)	годишњица (ж)	gódišnjica
jubileu (m)	јубилеј (м)	jubílej
celebrar (vt)	прославити (пг)	próslaviti
Ano (m) Novo	Нова година (ж)	Nóva gódina
Feliz Ano Novo!	Срећна Нова година!	Srećna Nóva gódina!
Pai (m) Natal	Деда Мраз (м)	Déda Mraz
Natal (m)	Божић (м)	Bóžić
Feliz Natal!	Срећан Божић!	Srećan Bóžić!
árvore (f) de Natal	Новогодишња јелка (ж)	Novogódišnja jélka
fogo (m) de artifício	ватромет (м)	vátromet
boda (f)	свадба (ж)	svádba
noivo (m)	младожења (м)	mladóženja
noiva (f)	млада, невеста (ж)	mláda, névesta
convidar (vt)	позивати (пг)	pozívati
convite (m)	позивница (ж)	pózivnica
convidado (m)	гост (м)	gost
visitar (vt)	ићи у госте	ići u góste
receber os hóspedes	дочекивати госте	dočekívati góste
presente (m)	поклон (м)	póklon
oferecer (vt)	поклањати (пг)	póklanjati
receber presentes	добијати поклоне	dóbijati póklone
ramo (m) de flores	букет (м)	búket
felicitações (f pl)	честитка (ж)	čestitka
felicitar (dar os parabéns)	честитати (пг)	čestítati
cartão (m) de parabéns	честитка (ж)	čestitka
enviar um postal	послати честитку	póslati čestitku
receber um postal	добити честитку	dóbiti čestitku

brinde (m)	здравица (ж)	zdrávica
oferecer (vt)	нудити (пг)	núditi
champanhe (m)	шампањац (м)	šampánjac
divertir-se (vr)	веселити се	veséliti se
diversão (f)	весеље (с)	vesélje
alegria (f)	радост (ж)	rádost
dança (f)	плес (м)	ples
dançar (vi)	играти, плесати (нг)	ígrati, plésati
valsa (f)	валцер (м)	válcer
tango (m)	танго (м)	tángo

110. Funerais. Enterro

cemitério (m)	гробље (с)	gróblje
sepultura (f), túmulo (m)	гроб (м)	grob
cruz (f)	крст (м)	kŕst
lápide (f)	надгробни споменик (м)	nádgrobni spómenik
cerca (f)	ограда (ж)	ógrada
capela (f)	капела (ж)	kapéla
morte (f)	смрт (ж)	smŕt
morrer (vi)	умрети (нг)	úmreti
defunto (m)	покојник (м)	pókojnik
luto (m)	жалост (ж)	žálost
enterrar, sepultar (vt)	сахрањивати (пг)	sahranjívati
agência (f) funerária	погребно предузеће (с)	pógrebno preduzéće
funeral (m)	сахрана (ж)	sáhrana
coroa (f) de flores	венац (м)	vénac
caixão (m)	ковчег (м)	kóvčeg
carro (m) funerário	погребна кола (ж)	pógrebna kóla
mortalha (f)	мртвачки покров (м)	mŕtvački pókrov
procissão (f) funerária	погребна поворка (ж)	pógrebna póvorka
urna (f) funerária	погребна урна (ж)	pógrebna úrna
crematório (m)	крематоријум (м)	krematórijum
obituário (m), necrologia (f)	читуља (ж)	čítulja
chorar (vi)	плакати (нг)	plákati
soluçar (vi)	јецати (пг)	jécati

111. Guerra. Soldados

pelotão (m)	вод (м)	vod
companhia (f)	чета (ж)	četa
regimento (m)	пук (м)	púk
exército (m)	армија (ж)	ármija
divisão (f)	дивизија (ж)	divízija

destacamento (m)	одред (м)	ódred
hoste (f)	војска (ж)	vójska
soldado (m)	војник (м)	vójnik
oficial (m)	официр (м)	ofícir
soldado (m) raso	редов (м)	rédov
sargento (m)	наредник (м)	nárednik
tenente (m)	поручник (м)	póručnik
capitão (m)	капетан (м)	kapétan
major (m)	мајор (м)	májor
coronel (m)	пуковник (м)	púkovnik
general (m)	генерал (м)	genéral
marujo (m)	поморац, морнар (м)	pómorac, mórnar
capitão (m)	капетан (м)	kapétan
contramestre (m)	вођа (м) палубе	vóđa pálube
artilheiro (m)	артиљерац (м)	artiljérac
soldado (m) paraquedista	падобранац (м)	pádobranac
piloto (m)	пилот (м)	pílot
navegador (m)	навигатор (м)	navígator
mecânico (m)	механичар (м)	mehánичar
sapador (m)	деминер (м)	demíner
paraquedista (m)	падобранац (м)	pádobranac
explorador (m)	извиђач (м)	izvíđač
franco-atirador (m)	снајпер (м)	snájper
patrulha (f)	патрола (ж)	patróla
patrulhar (vt)	патролирати (нг, пг)	patrolírati
sentinela (f)	стражар (м)	strážar
guerreiro (m)	војник (м)	vójnik
patriota (m)	патриота (м)	patrióta
herói (m)	јунак (м)	júnak
heroína (f)	јунакиња (ж)	junákinja
traidor (m)	издајник (м)	ízdajnik
trair (vt)	издавати (пг)	izdávati
desertor (m)	дезертер (м)	dezérter
desertar (vt)	дезертирати (нг)	dezertírati
mercenário (m)	најамник (м)	nájamnik
recruta (m)	регрут (м)	régrut
voluntário (m)	добровољац (м)	dobrovóljac
morto (m)	убијен (м)	úbijen
ferido (m)	рањеник (м)	ránjenik
prisioneiro (m) de guerra	заробљеник (м)	zarobljénik

112. Guerra. Ações militares. Parte 1

guerra (f)	рат (м)	rat
guerrear (vt)	ратовати (нг)	rátovati

guerra (f) civil	грађански рат (м)	gráđanski rat
perfidamente	подмукло	pódmuklo
declaração (f) de guerra	објава (ж) рата	óbjava rata
declarar (vt) guerra	објавити (нг)	objáviti
agressão (f)	агресија (ж)	agrésija
atacar (vt)	нападати (нг)	nápadati
invadir (vt)	инвадирати, окупирати (нг)	invadírati, okupírati
invasor (m)	освајач (м)	osvájač
conquistador (m)	освајач (м)	osvájač
defesa (f)	одбрана (ж)	ódbrana
defender (vt)	бранити (нг)	brániti
defender-se (vr)	бранити се	brániti se
inimigo (m)	непријатељ (м)	néprijatelj
adversário (m)	противник (м)	prótivnik
inimigo	непријатељски	neprijatéljski
estratégia (f)	стратегија (ж)	strátegija
tática (f)	тактика (ж)	táktika
ordem (f)	наредба (ж)	náredba
comando (m)	команда (ж)	kómanda
ordenar (vt)	наређивати (нг)	naređívati
missão (f)	задатак (м)	zadátak
secreto	тајни	tájni
batalha (f)	битка (ж)	bítka
combate (m)	бој, битка (ж)	boj, bítka
ataque (m)	напад (м)	nápad
assalto (m)	јуриш (м)	júriš
assaltar (vt)	јуришати (нг)	juríšati
assédio, sítio (m)	опсада (ж)	ópsada
ofensiva (f)	офанзива (ж)	ofanzíva
passar à ofensiva	прећи у напад	préći u nápad
retirada (f)	повлачење (с)	povlačénje
retirar-se (vr)	одступати (нг)	odstúpati
cerco (m)	опкољавање (с)	opkoljávanje
cercar (vt)	опкољавати (нг)	opkoljávati
bombardeio (m)	бомбардовање (с)	bómbardovanje
lançar uma bomba	избацити бомбу	izbáciti bómbu
bombardear (vt)	бомбардовати (нг)	bómbardovati
explosão (f)	експлозија (ж)	eksplózija
tiro (m)	пуцањ (м)	púcanj
disparar um tiro	пуцати (нг)	púcati
tiroteio (m)	пуцање (с)	púcanje
apontar para …	циљати (нг)	cíljati
apontar (vt)	уперити (нг)	upériti

acertar (vt)	погодити (пг)	pogóditi
afundar (um navio)	потопити (пг)	potópiti
brecha (f)	рупа (ж)	rúpa
afundar-se (vr)	тонути (нг)	tónuti
frente (m)	фронт (м)	front
evacuação (f)	евакуација (ж)	evakuácija
evacuar (vt)	евакуисати (пг)	evakuísati
trincheira (f)	ров (м)	rov
arame (m) farpado	бодљикава жица (ж)	bódljikava žíca
obstáculo (m) anticarro	препрека (ж)	prépreka
torre (f) de vigia	осматрачница (ж)	osmátračnica
hospital (m)	војна болница (ж)	vójna bólnica
ferir (vt)	ранити (пг)	rániti
ferida (f)	рана (ж)	rána
ferido (m)	рањеник (м)	ránjenik
ficar ferido	бити рањен	bíti ránjen
grave (ferida ~)	озбиљан	ózbiljan

113. Guerra. Ações militares. Parte 2

cativeiro (m)	заробљеништво (с)	zarobljeníštvo
capturar (vt)	заробити (пг)	zaróbiti
estar em cativeiro	бити у заробљеништву	bíti u zarobljeníštvu
ser aprisionado	пасти у ропство	pásti u rópstvo
campo (m) de concentração	концентрациони логор (м)	koncentracioni lógor
prisioneiro (m) de guerra	заробљеник (м)	zarobljénik
escapar (vi)	бежати (нг)	béžati
trair (vt)	издати (пг)	ízdati
traidor (m)	издајник (м)	ízdajnik
traição (f)	издаја (ж)	ízdaja
fuzilar, executar (vt)	стрељати (пг)	stréljati
fuzilamento (m)	стрељање (с)	stréljanje
equipamento (m)	опрема (ж)	óprema
platina (f)	еполета (ж)	epoléta
máscara (f) antigás	гас маска (ж)	gas máska
rádio (m)	покретна радио станица (ж)	pókretna rádio stánica
cifra (f), código (m)	шифра (ж)	šífra
conspiração (f)	конспирација (ж)	konspirácija
senha (f)	лозинка (ж)	lózinka
mina (f)	мина (ж)	mína
minar (vt)	минирати (пг)	minírati
campo (m) minado	минско поље (с)	mínsko pólje
alarme (m) aéreo	ваздушна узбуна (ж)	vázdušna úzbuna
alarme (m)	узбуна (ж)	úzbuna

sinal (m)	сигнал (м)	sígnal
sinalizador (m)	сигнална ракета (ж)	sígnalna rakéta
estado-maior (m)	штаб (м)	štab
reconhecimento (m)	извиђање (с)	izvíđanje
situação (f)	ситуација (ж)	situácija
relatório (m)	рапорт (м)	ráport
emboscada (f)	заседа (ж)	záseda
reforço (m)	појачање (с)	pojačánje
alvo (m)	нишан (м)	níšan
campo (m) de tiro	полигон (м)	polígon
manobras (f pl)	маневри (мн)	manévri
pânico (m)	паника (ж)	pánika
devastação (f)	рушевина (ж)	rúševina
ruínas (f pl)	уништења (мн)	uništénja
destruir (vt)	разрушити (пг)	rázrušiti
sobreviver (vi)	преживети (нг)	prežíveti
desarmar (vt)	разоружати (пг)	razorúžati
manusear (vt)	обраћати се	óbraćati se
Firmes!	Мирно!	Mírno!
Descansar!	Вољно!	Vóljno!
façanha (f)	подвиг (м)	pódvig
juramento (m)	заклетва (ж)	zákletva
jurar (vi)	клети се	kléti se
condecoração (f)	награда (ж)	nágrada
condecorar (vt)	награђивати (пг)	nagrađívati
medalha (f)	медаља (ж)	médalja
ordem (f)	орден (м)	órden
vitória (f)	победа (ж)	póbeda
derrota (f)	пораз (м)	póraz
armistício (m)	примирје (с)	prímirje
bandeira (f)	застава (ж)	zástava
glória (f)	слава (ж)	sláva
desfile (m) militar	парада (ж)	paráda
marchar (vi)	марширати (нг)	maršírati

114. Armas

arma (f)	оружје (с)	óružje
arma (f) de fogo	ватрено оружје (с)	vátreno óružje
arma (f) branca	хладно оружје (с)	hládno oružje
arma (f) química	хемијско оружје (с)	hémijsko óružje
nuclear	нуклеарни	núklearni
arma (f) nuclear	нуклеарно оружје (с)	núklearno óružje
bomba (f)	бомба (ж)	bómba

bomba (f) atómica	атомска бомба (ж)	átomska bómba
pistola (f)	пиштољ (м)	píštolj
caçadeira (f)	пушка (ж)	púška
pistola-metralhadora (f)	аутомат (м)	autómat
metralhadora (f)	митраљез (м)	mitráljez
boca (f)	грло (с)	gŕlo
cano (m)	цев (ж)	cev
calibre (m)	калибар (м)	kalíbar
gatilho (m)	окидач (м)	okídač
mira (f)	нишан (м)	níšan
carregador (m)	шаржер (м)	šáržer
coronha (f)	кундак (м)	kúndak
granada (f) de mão	граната (ж)	granáta
explosivo (m)	експлозив (м)	eksplóziv
bala (f)	пројектил (м)	projéktil
cartucho (m)	метак (м)	métak
carga (f)	набој (м)	náboj
munições (f pl)	муниција (ж)	munícija
bombardeiro (m)	бомбардер (м)	bombárder
avião (m) de caça	ловачки авион (м)	lóvački avíon
helicóptero (m)	хеликоптер (м)	helikópter
canhão (m) antiaéreo	против авионски топ (м)	prótiv avíonski top
tanque (m)	тенк (м)	tenk
canhão (de um tanque)	топ (м)	top
artilharia (f)	артиљерија (ж)	artiljérija
canhão (m)	топ (м)	top
fazer a pontaria	уперити (пг)	upériti
obus (m)	пројектил (м)	projéktil
granada (f) de morteiro	минобацачка мина (ж)	minobácačka mína
morteiro (m)	минобацач (м)	minobácač
estilhaço (m)	комадић (м)	komádić
submarino (m)	подморница (ж)	pódmornica
torpedo (m)	торпедо (м)	torpédo
míssil (m)	ракета (ж)	rakéta
carregar (uma arma)	пунити (пг)	púniti
atirar, disparar (vi)	пуцати (нг)	púcati
apontar para ...	циљати (пг)	cíljati
baioneta (f)	бајонет (м)	bajónet
espada (f)	мач (м)	mač
sabre (m)	сабља (ж)	sáblja
lança (f)	копље (с)	kóplje
arco (m)	лук (м)	luk
flecha (f)	стрела (ж)	stréla
mosquete (m)	мускета (ж)	músketa
besta (f)	самострел (м)	sámostrel

115. Povos da antiguidade

primitivo	првобитни	pŕvobitni
pré-histórico	праисторијски	praistórijski
antigo	древни	drévni

Idade (f) da Pedra	Камено доба (с)	Kámeno dóba
Idade (f) do Bronze	Бронзано доба (с)	Brónzano dóba
período (m) glacial	Ледено доба (с)	Lédeno dóba

tribo (f)	племе (с)	pléme
canibal (m)	људождер (м)	ljudóžder
caçador (m)	ловац (м)	lóvac
caçar (vi)	ловити (нг)	lóviti
mamute (m)	мамут (м)	mámut

caverna (f)	пећина (ж)	péćina
fogo (m)	ватра (ж)	vátra
fogueira (f)	логорска ватра (ж)	lógorska vátra
pintura (f) rupestre	пећинска слика (ж)	péćinska slíka

ferramenta (f)	алат (м)	álat
lança (f)	копље (с)	kóplje
machado (m) de pedra	камена секира (ж)	kámena sékira
guerrear (vt)	ратовати (нг)	rátovati
domesticar (vt)	припитомљивати (нг)	pripitomljívati

ídolo (m)	идол (м)	ídol
adorar, venerar (vt)	обожавати (нг)	obožávati
superstição (f)	сујеверје (с)	sújeverje
ritual (m)	обред (м)	óbred

evolução (f)	еволуција (ж)	evolúcija
desenvolvimento (m)	развој (м)	rázvoj
desaparecimento (m)	нестанак (м)	néstanak
adaptar-se (vr)	прилагођавати се	prilagođávati se

arqueologia (f)	археологија (ж)	arheológija
arqueólogo (m)	археолог (м)	arheólog
arqueológico	археолошки	arheólóški

local (m) das escavações	археолошко налазиште (с)	arheólóško nálazište
escavações (f pl)	ископине (мн)	ískopine
achado (m)	налаз (м)	nálaz
fragmento (m)	фрагмент (м)	frágment

116. Idade média

povo (m)	народ (м)	národ
povos (m pl)	народи (мн)	národi
tribo (f)	племе (с)	pléme
tribos (f pl)	племена (мн)	plemena
bárbaros (m pl)	Варвари (мн)	Várvari

gauleses (m pl)	Гали (мн)	Gáli
godos (m pl)	Готи (мн)	Góti
eslavos (m pl)	Славени (мн)	Slavéni
víquingues (m pl)	Викинзи (мн)	Víkinzi

romanos (m pl)	Римљани (мн)	Rímljani
romano	римски	rímski

bizantinos (m pl)	Византијци (мн)	Vizántijci
Bizâncio	Византија (ж)	Vizántija
bizantino	византијски	vizántijski

imperador (m)	император (м)	imperátor
líder (m)	вођа, поглавица (м)	vóđa, póglavica
poderoso	моћан	móćan
rei (m)	краљ (м)	kralj
governante (m)	владар (м)	vládar

cavaleiro (m)	витез (м)	vítez
senhor feudal (m)	феудалац (м)	feudálac
feudal	феудалан	féudalan
vassalo (m)	вазал (м)	vázal

duque (m)	војвода (м)	vójvoda
conde (m)	гроф (м)	grof
barão (m)	барон (м)	báron
bispo (m)	епископ (м)	épiskop

armadura (f)	оклоп (м)	óklop
escudo (m)	штит (м)	štit
espada (f)	мач (м)	mač
viseira (f)	визир (м)	vízir
cota (f) de malha	панцирна кошуља (ж)	páncirna kóšulja

cruzada (f)	крсташки рат (м)	kŕstaški rat
cruzado (m)	крсташ (м)	kŕstaš

território (m)	територија (ж)	teritórija
atacar (vt)	нападати (нг)	nápadati
conquistar (vt)	освојити (пг)	osvójiti
ocupar, invadir (vt)	окупирати (пг)	okupírati

assédio, sítio (m)	опсада (ж)	ópsada
sitiado	опсађени	ópsađeni
assediar, sitiar (vt)	опколити (пг)	opkóliti

inquisição (f)	инквизиција (ж)	inkvizícija
inquisidor (m)	инквизитор (м)	inkvízitor
tortura (f)	тортура (ж)	tortúra
cruel	окрутан	ókrutan
herege (m)	јеретик (м)	jéretik
heresia (f)	јерес (ж)	jéres

navegação (f) marítima	морепловство (с)	moreplóvstvo
pirata (m)	гусар (м)	gúsar
pirataria (f)	гусарство (с)	gúsarstvo

abordagem (f)	укрцај (м), укрцавање (с)	úkrcaj, ukrcávanje
presa (f), butim (m)	плен (м)	plen
tesouros (m pl)	благо (с)	blágo
descobrimento (m)	откриће (с)	otkríće
descobrir (novas terras)	открити (пг)	ótkriti
expedição (f)	експедиција (ж)	ekspedícija
mosqueteiro (m)	мускетар (м)	músketar
cardeal (m)	кардинал (м)	kardínal
heráldica (f)	хералдика (ж)	heráldika
heráldico	хералдички	heráldički

117. Líder. Chefe. Autoridades

rei (m)	краљ (м)	kralj
rainha (f)	краљица (ж)	králjica
real	краљевски	králjevski
reino (m)	краљевина (ж)	králjevina
príncipe (m)	принц (м)	princ
princesa (f)	принцеза (ж)	princéza
presidente (m)	председник (м)	prédsednik
vice-presidente (m)	потпредседник (м)	potprédsednik
senador (m)	сенатор (м)	sénator
monarca (m)	монарх (м)	mónarh
governante (m)	владар (м)	vládar
ditador (m)	диктатор (м)	diktátor
tirano (m)	тиранин (м)	tíranin
magnata (m)	магнат (м)	mágnat
diretor (m)	директор (м)	dírektor
chefe (m)	шеф (м)	šef
dirigente (m)	менаџер (м)	ménadžer
patrão (m)	газда (м)	gázda
dono (m)	власник (м)	vlásnik
líder, chefe (m)	вођа, лидер (м)	vóđa, líder
chefe (~ de delegação)	глава (ж)	gláva
autoridades (f pl)	власти (мн)	vlásti
superiores (m pl)	руководство (с)	rúkovodstvo
governador (m)	гувернер (м)	guvérner
cônsul (m)	конзул (м)	kónzul
diplomata (m)	дипломат (м)	diplómat
Presidente (m) da Câmara	градоначелник (м)	gradonáčelnik
xerife (m)	шериф (м)	šérif
imperador (m)	император (м)	imperátor
czar (m)	цар (м)	car
faraó (m)	фараон (м)	faráon
cã (m)	кан (м)	kan

118. Viloação da lei. Criminosos. Parte 1

bandido (m)	бандит (м)	bándit
crime (m)	злочин (м)	zlóčin
criminoso (m)	злочинац (м)	zlóčinac |//

ladrão (m)	лопов (м)	lópov
roubar (vt)	красти (нг, пг)	krásti
furto (m)	крађа (ж)	kráđa
furto (m)	крађа (ж)	kráđa

raptar (ex. ~ uma criança)	киднаповати (пг)	kidnapóvati
rapto (m)	отмица (ж), киднаповање (с)	ótmica, kidnapovanje
raptor (m)	киднапер (м)	kidnáper

resgate (m)	откуп (м)	ótkup
pedir resgate	тражити откуп	trážiti ótkup

roubar (vt)	пљачкати (пг)	pljáčkati
assalto, roubo (m)	пљачка (ж)	pljáčka
assaltante (m)	пљачкаш (м)	pljáčkaš

extorquir (vt)	уцењивати (пг)	ucenjívati
extorsionário (m)	изнуђивач (м)	iznuđívač
extorsão (f)	изнуђивање (с)	iznuđívanje

matar, assassinar (vt)	убити (пг)	úbiti
homicídio (m)	убиство (с)	úbistvo
homicida, assassino (m)	убица (м)	úbica

tiro (m)	пуцањ (м)	púcanj
dar um tiro	пуцати (нг)	púcati
matar a tiro	устрелити (пг)	ustréliti
atirar, disparar (vi)	пуцати (нг)	púcati
tiroteio (m)	пуцњава (ж)	púcnjava

incidente (m)	инцидент (м)	incídent
briga (~ de rua)	туча (ж)	túča
Socorro!	Упомоћ! У помоћ!	Upómoć! U pómoć!
vítima (f)	жртва (ж)	žŕtva

danificar (vt)	оштетити (пг)	óštetiti
dano (m)	штета (ж)	štéta
cadáver (m)	леш (м)	leš
grave	тежак	téžak

atacar (vt)	нападати (нг)	nápadati
bater (espancar)	ударати (пг)	údarati
espancar (vt)	претући (пг)	prétući
tirar, roubar (dinheiro)	отети (пг)	óteti
esfaquear (vt)	избости ножем	izbosti nóžem
mutilar (vt)	осакатити (пг)	osákatiti
ferir (vt)	ранити (пг)	rániti
chantagem (f)	уцењивање (с)	ucenjívanje

chantagear (vt)	уцењивати (пг)	ucenjívati
chantagista (m)	уцењивач (м)	ucenjívač
extorsão (em troca de proteção)	рекет (м)	réket
extorsionário (m)	рекеташ (м)	réketaš
gângster (m)	гангстер (м)	gángster
máfia (f)	мафија (ж)	máfija
carteirista (m)	џепарош (м)	džéparoš
assaltante, ladrão (m)	обијач (м)	obíjač
contrabando (m)	шверц (м)	šverc
contrabandista (m)	кријумчар (м)	kríjumčar
falsificação (f)	кривотворење (с)	krivotvórenje
falsificar (vt)	кривотворити (пг)	krivotvóriti
falsificado	лажни	lážni

119. Viloação da lei. Criminosos. Parte 2

violação (f)	силовање (с)	sílovanje
violar (vt)	силовати (пг)	sílovati
violador (m)	силоватељ (м)	silóvatelj
maníaco (m)	манијак (м)	mánijak
prostituta (f)	проститутка (ж)	próstitutka
prostituição (f)	проституција (ж)	prostitúcija
chulo (m)	макро (м)	mákro
toxicodependente (m)	наркоман (м)	nárkoman
traficante (m)	продавац (м) дроге	prodávac dróge
explodir (vt)	разнети (пг)	rázneti
explosão (f)	експлозија (ж)	eksplózija
incendiar (vt)	запалити (пг)	zapáliti
incendiário (m)	потпаљивач (м)	potpaljívač
terrorismo (m)	тероризам (м)	terorízam
terrorista (m)	терориста (м)	terorísta
refém (m)	талац (м)	tálac
enganar (vt)	преварити (пг)	prévariti
engano (m)	превара (ж)	prévara
vigarista (m)	варалица (м)	váralica
subornar (vt)	потплатити (пг)	potplátiti
suborno (atividade)	подмићивање (с)	podmićívanje
suborno (dinheiro)	мито (с)	míto
veneno (m)	отров (м)	ótrov
envenenar (vt)	отровати (пг)	otróvati
envenenar-se (vr)	отровати се	otróvati se
suicídio (m)	самоубиство (с)	samoubístvo
suicida (m)	самоубица (м, ж)	samoubíca

ameaçar (vt)	претити (нг)	prétiti
ameaça (f)	претња (ж)	prétnja
atentar contra a vida de ...	покушавати (нг)	pokušávati
atentado (m)	покушај, атентат (м)	pókušaj, aténtat
roubar (o carro)	украсти, отети (пг)	úkrasti, óteti
desviar (o avião)	отети (пг)	óteti
vingança (f)	освета (ж)	ósveta
vingar (vt)	освећивати (пг)	osvećívati
torturar (vt)	мучити (пг)	múčiti
tortura (f)	тортура (ж)	tortúra
atormentar (vt)	мучити (пг)	múčiti
pirata (m)	гусар (м)	gúsar
desordeiro (m)	хулиган (м)	húligan
armado	наоружан	náoružan
violência (f)	насиље (с)	násilje
ilegal	илегалан	ílegalan
espionagem (f)	шпијунажа (ж)	špijunáža
espionar (vi)	шпијунирати (нг)	špijunírati

120. Polícia. Lei. Parte 1

justiça (f)	правосуђе (с)	právosuđe
tribunal (m)	суд (м)	sud
juiz (m)	судија (м)	súdija
jurados (m pl)	поротници (мн)	pórotnici
tribunal (m) do júri	суђење (с) пред поротом	súđenje pred pórotom
julgar (vt)	судити (нг)	súditi
advogado (m)	адвокат (м)	advókat
réu (m)	окривљеник (м)	ókrivljenik
banco (m) dos réus	оптуженичка клупа (ж)	optužéničка klúpa
acusação (f)	оптужба (ж)	óptužba
acusado (m)	оптуженик (м)	óptuženik
sentença (f)	пресуда (ж)	présuda
sentenciar (vt)	осудити (пг)	osúditi
culpado (m)	кривац (м)	krívac
punir (vt)	казнити (пг)	kázniti
punição (f)	казна (ж)	kázna
multa (f)	новчана казна (ж)	nóvčana kázna
prisão (f) perpétua	доживотна робија (ж)	dóživotna róbija
pena (f) de morte	смртна казна (ж)	smŕtna kázna
cadeira (f) elétrica	електрична столица (ж)	eléktrična stólica
forca (f)	вешала (мн)	véšala
executar (vt)	смакнути (пг)	smáknuti

execução (f)	казна (ж)	kázna
prisão (f)	затвор (м)	zátvor
cela (f) de prisão	ћелија (ж)	ćélija
escolta (f)	пратња (ж)	prátnja
guarda (m) prisional	чувар (м)	čúvar
preso (m)	затвореник (м)	zatvorénik
algemas (f pl)	лисице (мн)	lísice
algemar (vt)	ставити лисице	stáviti lísice
fuga, evasão (f)	бекство (с)	békstvo
fugir (vi)	побећи (нг)	póbeći
desaparecer (vi)	ишчезнути (нг)	íščeznuti
soltar, libertar (vt)	ослободити (пг)	oslobóditi
amnistia (f)	амнестија (ж)	amnéstija
polícia (instituição)	полиција (ж)	polícija
polícia (m)	полицајац (м)	policájac
esquadra (f) de polícia	полицијска станица (ж)	polícijska stánica
cassetete (m)	пендрек (м)	péndrek
megafone (m)	мегафон (м)	mégafon
carro (m) de patrulha	патролна кола (ж)	pátrolna kóla
sirene (f)	сирена (ж)	siréna
ligar a sirene	укључити сирену	uključiti sirénu
toque (m) da sirene	звук (м) сирене	zvuk siréne
cena (f) do crime	место (с) жлочина	mésto žlóčina
testemunha (f)	сведок (м)	svédok
liberdade (f)	слобода (ж)	slobóda
cúmplice (m)	саучесник (м)	sáučesnik
escapar (vi)	побећи (нг)	póbeći
traço (não deixar ~s)	траг (м)	trag

121. Polícia. Lei. Parte 2

procura (f)	потрага (ж)	pótraga
procurar (vt)	тражити (пг)	trážiti
suspeita (f)	сумња (ж)	súmnja
suspeito	сумњив	súmnjiv
parar (vt)	зауставити (пг)	zaústaviti
deter (vt)	задржати (пг)	zadŕžati
caso (criminal)	кривични предмет (м)	krívični prédmet
investigação (f)	истрага (ж)	ístraga
detetive (m)	детектив (м)	detéktiv
investigador (m)	истражитељ (м)	istrážitelj
versão (f)	верзија (ж)	vérzija
motivo (m)	мотив (м)	mótiv
interrogatório (m)	саслушавање (с)	saslušávanje
interrogar (vt)	саслушати (пг)	sáslušati
questionar (vt)	испитивати (пг)	ispitívati

verificação (f)	провера (ж)	próvera
batida (f) policial	рација (ж)	rácija
busca (f)	претрес (м)	prétres
perseguição (f)	потера (ж)	pótera
perseguir (vt)	гонити (пг)	góniti
seguir (vt)	пратити (пг)	prátiti
prisão (f)	хапшење (с)	hápšenje
prender (vt)	ухапсити (пг)	úhapsiti
pegar, capturar (vt)	ухватити (пг)	úhvatiti
captura (f)	хватање, хапшење (с)	hvátanje, hápšenje
documento (m)	докуменат (м)	dokúmenat
prova (f)	доказ (м)	dókaz
provar (vt)	доказивати (пг)	dokazívati
pegada (f)	отисак (м) стопала	ótisak stópala
impressões (f pl) digitais	отисци (мн) прстију	ótisci pŕstiju
prova (f)	доказ (м)	dókaz
álibi (m)	алиби (м)	álibi
inocente	недужан	nédužan
injustiça (f)	неправда (ж)	népravda
injusto	неправедан	népravedan
criminal	криминалан	kríminalan
confiscar (vt)	конфисковати (пг)	kónfiskovati
droga (f)	дрога (ж)	dróga
arma (f)	оружје (с)	óružje
desarmar (vt)	разоружати (пг)	razorúžati
ordenar (vt)	наређивати (пг)	naređívati
desaparecer (vi)	ишчезнути (нг)	íščeznuti
lei (f)	закон (м)	zákon
legal	законит	zákonit
ilegal	незаконит	nezákonit
responsabilidade (f)	одговорност (ж)	odgovórnost
responsável	одговоран	ódgovoran

NATUREZA

A Terra. Parte 1

122. Espaço sideral

cosmos (m)	свемир (м)	svémir
cósmico	космички	kósmički
espaço (m) cósmico	свемирски простор (м)	svémirski próstor
mundo (m)	свет (м)	svet
universo (m)	универзум (м)	univérzum
galáxia (f)	галаксија (ж)	galáksija
estrela (f)	звезда (ж)	zvézda
constelação (f)	сазвежђе (с)	sázvežđe
planeta (m)	планета (ж)	planéta
satélite (m)	сателит (м)	satélit
meteorito (m)	метеорит (м)	meteórit
cometa (m)	комета (ж)	kométa
asteroide (m)	астероид (м)	asteróid
órbita (f)	путања, орбита (ж)	pútanja, órbita
girar (vi)	окретати се	okrétati se
atmosfera (f)	атмосфера (ж)	atmosféra
Sol (m)	Сунце (с)	Súnce
Sistema (m) Solar	Сунчев систем (м)	Súnčev sístem
eclipse (m) solar	Помрачење (с) Сунца	Pomráčenje Súnca
Terra (f)	Земља (ж)	Zémlja
Lua (f)	Месец (м)	Mésec
Marte (m)	Марс (м)	Mars
Vénus (f)	Венера (ж)	Venéra
Júpiter (m)	Јупитер (м)	Júpiter
Saturno (m)	Сатурн (м)	Sáturn
Mercúrio (m)	Меркур (м)	Mérkur
Urano (m)	Уран (м)	Uran
Neptuno (m)	Нептун (м)	Néptun
Plutão (m)	Плутон (м)	Plúton
Via Láctea (f)	Млечни пут (м)	Mléčni put
Ursa Maior (f)	Велики медвед (м)	Véliki médved
Estrela Polar (f)	Северњача (ж)	Sevérnjača
marciano (m)	марсовац (м)	marsóvac
extraterrestre (m)	ванземаљац (м)	vanzemáljac

alienígena (m)	свемирац (м)	svemírac
disco (m) voador	летећи тањир (м)	léteći tánjir
nave (f) espacial	свемирски брод (м)	svémirski brod
estação (f) orbital	орбитална станица (ж)	órbitalna stánica
lançamento (m)	лансирање (с)	lánsiranje
motor (m)	мотор (м)	mótor
bocal (m)	млазница (ж)	mláznica
combustível (m)	гориво (с)	górivo
cabine (f)	кабина (ж)	kabína
antena (f)	антена (ж)	anténa
vigia (f)	бродски прозор (м)	bródski prózor
bateria (f) solar	соларни панел (м)	sólarni pánel
traje (m) espacial	скафандар (м)	skafándar
imponderabilidade (f)	бестежинско стање (с)	béstežinsko stánje
oxigénio (m)	кисеоник (м)	kiseónik
acoplagem (f)	пристајање (с)	prístajanje
fazer uma acoplagem	спајати се (нг)	spájati se
observatório (m)	опсерваторија (ж)	opservatórija
telescópio (m)	телескоп (м)	téleskop
observar (vt)	посматрати (нг)	posmátrati
explorar (vt)	истраживати (пг)	istražívati

123. A Terra

Terra (f)	Земља (ж)	Zémlja
globo terrestre (Terra)	земљина кугла (ж)	zémljina kúgla
planeta (m)	планета (ж)	planéta
atmosfera (f)	атмосфера (ж)	atmosféra
geografia (f)	географија (ж)	geográfija
natureza (f)	природа (ж)	príroda
globo (mapa esférico)	глобус (м)	glóbus
mapa (m)	мапа (ж)	mápa
atlas (m)	атлас (м)	átlas
Europa (f)	Европа (ж)	Evrópa
Ásia (f)	Азија (ж)	Ázija
África (f)	Африка (ж)	Áfrika
Austrália (f)	Аустралија (ж)	Austrálija
América (f)	Америка (ж)	Amérika
América (f) do Norte	Северна Америка (ж)	Séverna Amérika
América (f) do Sul	Јужна Америка (ж)	Júžna Amérika
Antártida (f)	Антарктик (м)	Antárktik
Ártico (m)	Арктик (м)	Árktik

124. Pontos cardeais

norte (m)	север (м)	séver
para norte	према северу	préma séveru
no norte	на северу	na séveru
do norte	северни	séverni

sul (m)	југ (м)	jug
para sul	према југу	préma júgu
no sul	на југу	na júgu
do sul	јужни	júžni

oeste, ocidente (m)	запад (м)	západ
para oeste	према западу	préma západu
no oeste	на западу	na západu
ocidental	западни	západni

leste, oriente (m)	исток (м)	ístok
para leste	према истоку	préma ístoku
no leste	на истоку	na ístoku
oriental	источни	ístočni

125. Mar. Oceano

mar (m)	море (с)	móre
oceano (m)	океан (м)	okéan
golfo (m)	залив (м)	záliv
estreito (m)	мореуз (м)	móreuz

terra (f) firme	копно (с)	kópno
continente (m)	континент (м)	kontínent
ilha (f)	острво (с)	óstrvo
península (f)	полуострво (с)	poluóstrvo
arquipélago (m)	архипелаг (м)	arhipélag

baía (f)	залив (м)	záliv
porto (m)	лука (ж)	lúka
lagoa (f)	лагуна (ж)	lagúna
cabo (m)	рт (м)	ŕt

atol (m)	атол (м)	átol
recife (m)	гребен (м)	grében
coral (m)	корал (м)	kóral
recife (m) de coral	корални гребен (м)	kóralni grében

profundo	дубок	dúbok
profundidade (f)	дубина (ж)	dubína
abismo (m)	бездан (м)	bézdan
fossa (f) oceânica	ров (м)	rov

corrente (f)	струја (ж)	strúja
banhar (vt)	окруживати (пг)	okružívati
litoral (m)	обала (ж)	óbala

costa (f)	обала (ж)	óbala
maré (f) alta	плима (ж)	plíma
refluxo (m), maré (f) baixa	осека (ж)	óseka
restinga (f)	плићак (м)	plíćak
fundo (m)	дно (с)	dno
onda (f)	талас (м)	tálas
crista (f) da onda	гребен (м) таласа	grében talasá
espuma (f)	пена (ж)	péna
tempestade (f)	морска олуја (ж)	mórska olúja
furacão (m)	ураган (м)	úragan
tsunami (m)	цунами (м)	cunámi
calmaria (f)	безветрица (ж)	bézvetrica
calmo	миран	míran
polo (m)	пол (м)	pol
polar	поларни	pólarni
latitude (f)	ширина (ж)	šiKrína
longitude (f)	дужина (ж)	dužína
paralela (f)	паралела (ж)	paraléla
equador (m)	екватор (м)	ékvator
céu (m)	небо (с)	nébo
horizonte (m)	хоризонт (м)	horízont
ar (m)	ваздух (м)	vázduh
farol (m)	светионик (м)	svetiónik
mergulhar (vi)	ронити (нг)	róniti
afundar-se (vr)	потонути (нг)	potónuti
tesouros (m pl)	благо (с)	blágo

126. Nomes de Mares e Oceanos

Oceano (m) Atlântico	Атлантски океан (м)	Átlantski okéan
Oceano (m) Índico	Индијски океан (м)	Índijski okéan
Oceano (m) Pacífico	Тихи океан (м)	Tíhi okéan
Oceano (m) Ártico	Северни Ледени океан (м)	Séverni Lédeni okéan
Mar (m) Negro	Црно море (с)	Cŕno móre
Mar (m) Vermelho	Црвено море (с)	Cŕveno móre
Mar (m) Amarelo	Жуто море (с)	Žúto móre
Mar (m) Branco	Бело море (с)	Bélo móre
Mar (m) Cáspio	Каспијско море (с)	Káspijsko móre
Mar (m) Morto	Мртво море (с)	Mŕtvo móre
Mar (m) Mediterrâneo	Средоземно море (с)	Sredózemno móre
Mar (m) Egeu	Егејско море (с)	Egejsko móre
Mar (m) Adriático	Јадранско море (с)	Jádransko móre
Mar (m) Arábico	Арабијско море (с)	Arábijsko móre
Mar (m) do Japão	Јапанско море (с)	Jápansko móre

Mar (m) de Bering	Берингово море (c)	Béringovo móre
Mar (m) da China Meridional	Јужно Кинеско море (c)	Južno Kinésko móre
Mar (m) de Coral	Кoрално море (c)	Kóralno more
Mar (m) de Tasman	Тасманово море (c)	Tasmánovo móre
Mar (m) do Caribe	Карипско море (c)	Káripsko móre
Mar (m) de Barents	Баренцово море (c)	Bárencovo móre
Mar (m) de Kara	Карско море (c)	Kársko móre
Mar (m) do Norte	Северно море (c)	Séverno móre
Mar (m) Báltico	Балтичко море (c)	Báltičko móre
Mar (m) da Noruega	Норвешко море (c)	Nórveško móre

127. Montanhas

montanha (f)	планина (ж)	planína
cordilheira (f)	планински венац (м)	pláninski vénac
serra (f)	планински гребен (м)	pláninski grében
cume (m)	врх (м)	vŕh
pico (m)	плански врх (м)	plániski vŕh
sopé (m)	подножје (c)	pódnožje
declive (m)	нагиб (м), падина (ж)	nágib, pádina
vulcão (m)	вулкан (м)	vúlkan
vulcão (m) ativo	активни вулкан (м)	áktivni vúlkan
vulcão (m) extinto	угашени вулкан (м)	úgašeni vúlkan
erupção (f)	ерупција (ж)	erúpcija
cratera (f)	кратер (м)	kráter
magma (m)	магма (ж)	mágma
lava (f)	лава (ж)	láva
fundido (lava ~a)	врућ	vruć
desfiladeiro (m)	кањон (м)	kánjon
garganta (f)	клисура (ж)	klisúra
fenda (f)	пукотина (ж)	púkotina
precipício (m)	амбис, понор (м)	ámbis, pónor
passo, colo (m)	превој (м)	prévoj
planalto (m)	висораван (ж)	vísoravan
falésia (f)	литица (ж)	lítica
colina (f)	брег (м)	breg
glaciar (m)	леденик (м)	ledénik
queda (f) d'água	водопад (м)	vódopad
géiser (m)	гејзер (м)	géjzer
lago (m)	језеро (c)	jézero
planície (f)	равница (ж)	ravníca
paisagem (f)	пејзаж (м)	péjzaž
eco (m)	одјек (м)	ódjek
alpinista (m)	планинар (м)	planínar

escalador (m)	алпиниста (м)	alpinísta
conquistar (vt)	освајати (нг)	osvájati
subida, escalada (f)	пењање (с)	pénjanje

128. Nomes de montanhas

Alpes (m pl)	Алпи (мн)	Álpi
monte Branco (m)	Монблан (м)	Mónblan
Pirineus (m pl)	Пиренеји (мн)	Pirenéji
Cárpatos (m pl)	Карпати (мн)	Karpáti
montes (m pl) Urais	Уралске планине (мн)	Uralske planíne
Cáucaso (m)	Кавказ (м)	Kávkaz
Elbrus (m)	Елбрус (м)	Elbrus
Altai (m)	Алтај (м)	Altaj
Tian Shan (m)	Тјен Шан, Тјаншан (м)	Tjen Šan, Tjánšan
Pamir (m)	Памир (м)	Pámir
Himalaias (m pl)	Хималаји (мн)	Himaláji
monte (m) Everest	Еверест (м)	Everest
Cordilheira (f) dos Andes	Анди (мн)	Andi
Kilimanjaro (m)	Килиманџаро (м)	Kilimandžáro

129. Rios

rio (m)	река (ж)	réka
fonte, nascente (f)	извор (м)	ízvor
leito (m) do rio	корито (с)	kórito
bacia (f)	слив (м)	sliv
desaguar no ...	уливати се	ulívati se
afluente (m)	притока (ж)	prítoka
margem (do rio)	обала (ж)	óbala
corrente (f)	ток (м)	tok
rio abaixo	низводно	nízvodno
rio acima	узводно	úzvodno
inundação (f)	поплава (ж)	póplava
cheia (f)	поводањ (м)	póvodanj
transbordar (vi)	изливати се	izlívati se
inundar (vt)	преплавити (нг)	preplávíti
banco (m) de areia	плићак (м)	plíćak
rápidos (m pl)	брзак (м)	bŕzak
barragem (f)	брана (ж)	brána
canal (m)	канал (м)	kánal
reservatório (m) de água	вештачко језеро (с)	véštačko jézero
eclusa (f)	преводница (ж)	prévodnica
corpo (m) de água	резервоар (м)	rezervóar

pântano (m)	мочвара (ж)	móčvara
tremedal (m)	баруштина (ж)	báruština
remoinho (m)	вртлог (м)	vŕtlog
arroio, regato (m)	поток (м)	pótok
potável	питка	pítka
doce (água)	слатка	slátka
gelo (m)	лед (м)	led
congelar-se (vr)	смрзнути се	smŕznuti se

130. Nomes de rios

rio Sena (m)	Сена (ж)	Séna
rio Loire (m)	Лоара (ж)	Loára
rio Tamisa (m)	Темза (ж)	Témza
rio Reno (m)	Рајна (ж)	Rájna
rio Danúbio (m)	Дунав (м)	Dúnav
rio Volga (m)	Волга (ж)	Vólga
rio Don (m)	Дон (м)	Don
rio Lena (m)	Лена (ж)	Léna
rio Amarelo (m)	Хуангхе (м)	Huánghe
rio Yangtzé (m)	Јангце (м)	Jangcé
rio Mekong (m)	Меконг (м)	Mékong
rio Ganges (m)	Ганг (м)	Gang
rio Nilo (m)	Нил (м)	Nil
rio Congo (m)	Конго (м)	Kóngo
rio Cubango (m)	Окаванго (м)	Okavángo
rio Zambeze (m)	Замбези (м)	Zambézi
rio Limpopo (m)	Лимпопо (м)	Limpópo
rio Mississípi (m)	Мисисипи (м)	Misisípi

131. Floresta

floresta (f), bosque (m)	шума (ж)	šúma
florestal	шумски	šúmski
mata (f) cerrada	честар (м)	čéstar
arvoredo (m)	шумарак (м)	šumárak
clareira (f)	пропланак (м)	próplanak
matagal (m)	шипраг (м), шикара (ж)	šíprag, šíkara
mato (m)	жбуње (с)	žbúnje
vereda (f)	стаза (ж)	stáza
ravina (f)	јаруга (ж)	járuga
árvore (f)	дрво (с)	dŕvo
folha (f)	лист (м)	list

folhagem (f)	лишће (с)	lîšće
queda (f) das folhas	листопад (м)	lîstopad
cair (vi)	опадати (нг)	ôpadati
topo (m)	врх (м)	vȑh

ramo (m)	грана (ж)	grána
galho (m)	грана (ж)	grána
botão, rebento (m)	пупољак (м)	púpoljak
agulha (f)	иглица (ж)	íglica
pinha (f)	шишарка (ж)	šíšarka

buraco (m) de árvore	дупља (ж)	dúplja
ninho (m)	гнездо (с)	gnézdo
toca (f)	јазбина, рупа (ж)	jázbina, rúpa

tronco (m)	стабло (с)	stáblo
raiz (f)	корен (м)	kóren
casca (f) de árvore	кора (ж)	kóra
musgo (m)	маховина (ж)	máhovina

arrancar pela raiz	крчити (нг)	kŕčiti
cortar (vt)	сећи (нг)	séći
desflorestar (vt)	крчити шуму	krčiti šúmu
toco, cepo (m)	пањ (м)	panj

fogueira (f)	логорска ватра (ж)	lógorska vátra
incêndio (m) florestal	шумски пожар (м)	šûmski póžar
apagar (vt)	гасити (нг)	gásiti

guarda-florestal (m)	шумар (м)	šúmar
proteção (f)	заштита (ж)	záštita
proteger (a natureza)	штитити (нг)	štítiti
caçador (m) furtivo	ловокрадица (м)	lovokrádica
armadilha (f)	замка (ж)	zámka

colher (cogumelos, bagas)	брати (нг)	bráti
perder-se (vr)	залутати (нг)	zalútati

132. Recursos naturais

recursos (m pl) naturais	природна богатства (мн)	prírodna bógatstva
minerais (m pl)	рудна богатства (мн)	rúdna bógatstva
depósitos (m pl)	лежишта (мн)	léžišta
jazida (f)	налазиште (с)	nálazište

extrair (vt)	добијати (нг)	dobíjati
extração (f)	добијање (с)	dobíjanje
minério (m)	руда (ж)	rúda
mina (f)	рудник (м)	rúdnik
poço (m) de mina	рударско окно (с)	rúdarsko ókno
mineiro (m)	рудар (м)	rúdar

gás (m)	гас (м)	gas
gasoduto (m)	плиновод (м)	plínovod

petróleo (m)	нафта (ж)	náfta
oleoduto (m)	нафтовод (м)	náftovod
poço (m) de petróleo	нафтна бушотина (ж)	náftna búšotina
torre (f) petrolífera	нафтна платформа (ж)	náftna plátforma
petroleiro (m)	танкер (м)	tánker

areia (f)	песак (м)	pésak
calcário (m)	кречњак (м)	kréčnjak
cascalho (m)	шљунак (м)	šljúnak
turfa (f)	тресет (м)	tréset
argila (f)	глина (ж)	glína
carvão (m)	угаљ (м)	úgalj

ferro (m)	гвожђе (с)	gvóžđe
ouro (m)	злато (с)	zláto
prata (f)	сребро (с)	srébro
níquel (m)	никл (м)	nikl
cobre (m)	бакар (м)	bákar

zinco (m)	цинк (м)	cink
manganês (m)	манган (м)	mángan
mercúrio (m)	жива (ж)	žíva
chumbo (m)	олово (с)	ólovo

mineral (m)	минерал (м)	míneral
cristal (m)	кристал (м)	krístal
mármore (m)	мермер, мрамор (м)	mérmer, mrámor
urânio (m)	уран (м)	úran

A Terra. Parte 2

133. Tempo

tempo (m)	време (с)	vréme
previsão (f) do tempo	временска прогноза (ж)	vrémenska prognóza
temperatura (f)	температура (ж)	temperatúra
termómetro (m)	термометар (м)	térmometar
barómetro (m)	барометар (м)	bárometar

húmido	влажан	vlážan
humidade (f)	влажност (ж)	vlážnost
calor (m)	врућина (ж)	vrućína
cálido	врућ	vruć
está muito calor	врућe је	vrúće je

está calor	топло је	tóplo je
quente	топао	tópao

está frio	хладно је	hládno je
frio	хладан	hládan

sol (m)	сунце (с)	súnce
brilhar (vi)	сијати (нг)	síjati
de sol, ensolarado	сунчан	súnčan
nascer (vi)	изаћи (нг)	ízaći
pôr-se (vr)	заћи (нг)	záći

nuvem (f)	облак (м)	óblak
nublado	облачан	óblačan
nuvem (f) preta	кишни облак (м)	kíšni óblak
escuro, cinzento	тмуран	tmúran

chuva (f)	киша (ж)	kíša
está a chover	пада киша	páda kíša

chuvoso	кишовит	kišóvit
chuviscar (vi)	сипити (нг)	sípiti

chuva (f) torrencial	пљусак (м)	pljúsak
chuvada (f)	пљусак (м)	pljúsak
forte (chuva)	јак	jak

poça (f)	бара (ж)	bára
molhar-se (vr)	покиснути (нг)	pókisnuti

nevoeiro (m)	магла (ж)	mágla
de nevoeiro	магловит	maglóvit
neve (f)	снег (м)	sneg
está a nevar	пада снег	páda sneg

134. Tempo extremo. Catástrofes naturais

trovoada (f)	олуја (ж)	olúja
relâmpago (m)	муња (ж)	múnja
relampejar (vi)	севати (нг)	sévati
trovão (m)	гром (м)	grom
trovejar (vi)	грметi (нг)	gŕmeti
está a trovejar	грми	gŕmi
granizo (m)	град (м)	grad
está a cair granizo	пада град	páda grad
inundar (vt)	поплавити (пг)	póplaviti
inundação (f)	поплава (ж)	póplava
terremoto (m)	земљотрес (м)	zémljotres
abalo, tremor (m)	потрес (м)	pótres
epicentro (m)	епицентар (м)	epicéntar
erupção (f)	ерупција (ж)	erúpcija
lava (f)	лава (ж)	láva
turbilhão (m)	вихор (м)	víhor
tornado (m)	торнадо (м)	tórnado
tufão (m)	тајфун (м)	tájfun
furacão (m)	ураган (м)	úragan
tempestade (f)	олуја (ж)	olúja
tsunami (m)	цунами (м)	cunámi
ciclone (m)	циклон (м)	cíklon
mau tempo (m)	невреме (с)	névreme
incêndio (m)	пожар (м)	póžar
catástrofe (f)	катастрофа (ж)	katastrófa
meteorito (m)	метеорит (м)	meteórit
avalanche (f)	лавина (ж)	lávina
deslizamento (m) de neve	усов (м)	úsov
nevasca (f)	мећава (ж)	méćava
tempestade (f) de neve	мећава, вејавица (ж)	méćava, véjavica

Fauna

135. Mamíferos. Predadores

predador (m)	предатор, грабљивац (м)	prédator, grábljivac
tigre (m)	тигар (м)	tígar
leão (m)	лав (м)	lav
lobo (m)	вук (м)	vuk
raposa (f)	лисица (ж)	lísica
jaguar (m)	јагуар (м)	jáguar
leopardo (m)	леопард (м)	léopard
chita (f)	гепард (м)	gépard
pantera (f)	пантер (м)	pánter
puma (f)	пума (ж)	púma
leopardo-das-neves (m)	снежни леопард (м)	snéžni léopard
lince (m)	рис (м)	ris
coiote (m)	којот (м)	kójot
chacal (m)	шакал (м)	šákal
hiena (f)	хијена (ж)	hijéna

136. Animais selvagens

animal (m)	животиња (ж)	živótinja
besta (f)	звер (м)	zver
esquilo (m)	веверица (ж)	véverica
ouriço (m)	јеж (м)	jež
lebre (f)	зец (м)	zec
coelho (m)	кунић (м)	kúnić
texugo (m)	јазавац (м)	jázavac
guaxinim (m)	ракун (м)	rákun
hamster (m)	хрчак (м)	hŕčak
marmota (f)	мрмот (м)	mŕmot
toupeira (f)	кртица (ж)	kŕtica
rato (m)	миш (ж)	miš
ratazana (f)	пацов (м)	pácov
morcego (m)	слепи миш (м)	slépi miš
arminho (m)	хермелин (м)	hérmelin
zibelina (f)	самур (м)	sámur
marta (f)	куна (ж)	kúna
doninha (f)	ласица (ж)	lásica
vison (m)	нерц, визон (м)	nerc, vízon

castor (m)	дабар (м)	dábar
lontra (f)	видра (ж)	vídra

cavalo (m)	коњ (м)	konj
alce (m)	лос (м)	los
veado (m)	јелен (м)	jélen
camelo (m)	камила (ж)	kámila

bisão (m)	бизон (м)	bízon
auroque (m)	зубар (м)	zúbar
búfalo (m)	бивол (м)	bívol

zebra (f)	зебра (ж)	zébra
antílope (m)	антилопа (ж)	antilópa
corça (f)	срна (ж)	sŕna
gamo (m)	јелен лопатар (м)	jélen lópatar
camurça (f)	дивокоза (ж)	dívokoza
javali (m)	вепар (м)	vépar

baleia (f)	кит (м)	kit
foca (f)	фока (ж)	fóka
morsa (f)	морж (м)	morž
urso-marinho (m)	фока (ж)	fóka
golfinho (m)	делфин (м)	délfin

urso (m)	медвед (м)	médved
urso (m) branco	бели медвед (м)	béli médved
panda (m)	панда (ж)	pánda

macaco (em geral)	мајмун (м)	májmun
chimpanzé (m)	шимпанза (ж)	šimpánza
orangotango (m)	орангутан (м)	orangútan
gorila (m)	горила (ж)	goríla
macaco (m)	макаки (м)	makáki
gibão (m)	гибон (м)	gíbon

elefante (m)	слон (м)	slon
rinoceronte (m)	носорог (м)	nósorog
girafa (f)	жирафа (ж)	žiráfa
hipopótamo (m)	нилски коњ (м)	nílski konj

canguru (m)	кенгур (м)	kéngur
coala (m)	коала (ж)	koála

mangusto (m)	мунгос (м)	múngos
chinchila (m)	чинчила (ж)	čínčila
doninha-fedorenta (f)	твор (м)	tvor
porco-espinho (m)	дикобраз (м)	díkobraz

137. Animais domésticos

gata (f)	мачка (ж)	máčka
gato (m) macho	мачак (м)	máčak
cão (m)	пас (м)	pas

cavalo (m)	коњ (м)	konj
garanhão (m)	ждребац (м)	ždrébac
égua (f)	кобила (ж)	kóbila
vaca (f)	крава (ж)	kráva
touro (m)	бик (м)	bik
boi (m)	во (м)	vo
ovelha (f)	овца (ж)	óvca
carneiro (m)	ован (м)	óvan
cabra (f)	коза (ж)	kóza
bode (m)	јарац (м)	járac
burro (m)	магарац (м)	mágarac
mula (f)	мазга (ж)	mázga
porco (m)	свиња (ж)	svínja
leitão (m)	прасе (с)	práse
coelho (m)	кунић, домаћи зец (м)	kúnić, dómaći zec
galinha (f)	кокош (ж)	kókoš
galo (m)	певац (м)	pévac
pata (f)	патка (ж)	pátka
pato (macho)	патак (м)	pátak
ganso (m)	гуска (ж)	gúska
peru (m)	ћуран (м)	ćúran
perua (f)	ћурка (ж)	ćúrka
animais (m pl) domésticos	домаће животиње (мн)	domáće živótinje
domesticado	питом	pítom
domesticar (vt)	припитомљивати (пг)	pripitomljívati
criar (vt)	узгајати (пг)	uzgájati
quinta (f)	фарма (ж)	fárma
aves (f pl) domésticas	живина (ж)	živína
gado (m)	стока (ж)	stóka
rebanho (m), manada (f)	стадо (с)	stádo
estábulo (m)	штала (ж)	štála
pocilga (f)	свињац (м)	svínjac
estábulo (m)	стаја (ж)	stája
coelheira (f)	зечињак (м)	zéčinjak
galinheiro (m)	кокошињац (м)	kókošinjac

138. Pássaros

pássaro (m), ave (f)	птица (ж)	ptíca
pombo (m)	голуб (м)	gólub
pardal (m)	врабац (м)	vrábac
chapim-real (m)	сеница (ж)	sénica
pega-rabuda (f)	сврака (ж)	svráka
corvo (m)	гавран (м)	gávran

gralha (f) cinzenta	врана (ж)	vrána
gralha-de-nuca-cinzenta (f)	чавка (ж)	čávka
gralha-calva (f)	гачац (м)	gáčac

pato (m)	патка (ж)	pátka
ganso (m)	гуска (ж)	gúska
faisão (m)	фазан (м)	fázan

águia (f)	орао (м)	órao
açor (m)	јастреб (м)	jástreb
falcão (m)	соко (м)	sóko
abutre (m)	суп (м)	sup
condor (m)	кондор (м)	kóndor

cisne (m)	лабуд (м)	lábud
grou (m)	ждрал (м)	ždral
cegonha (f)	рода (ж)	róda

papagaio (m)	папагај (м)	papágaj
beija-flor (m)	колибри (м)	kolíbri
pavão (m)	паун (м)	páun

avestruz (m)	нoj (м)	noj
garça (f)	чапља (ж)	čáplja
flamingo (m)	фламинго (м)	flamíngo
pelicano (m)	пеликан (м)	pelíkan

rouxinol (m)	славуј (м)	slávuj
andorinha (f)	ластавица (ж)	lástavica

tordo-zornal (m)	дрозд (м)	drozd
tordo-músico (m)	дрозд певач (м)	drozd peváč
melro-preto (m)	кос (м)	kos

andorinhão (m)	брегуница (ж)	brégunica
cotovia (f)	шева (ж)	šéva
codorna (f)	препелица (ж)	prépelica

pica-pau (m)	детлић (м)	détlić
cuco (m)	кукавица (ж)	kúkavica
coruja (f)	сова (ж)	sóva
corujão, bufo (m)	совуљага (ж)	sovúljaga
tetraz-grande (m)	велики тетреб (м)	véliki tétreb
tetraz-lira (m)	мали тетреб (м)	máli tétreb
perdiz-cinzenta (f)	јаребица (ж)	jarébica

estorninho (m)	чворак (м)	čvórak
canário (m)	канаринац (м)	kanarínac
galinha-do-mato (f)	лештарка (ж)	léštarka

tentilhão (m)	зеба (ж)	zéba
dom-fafe (m)	зимовка (ж)	zímovka

gaivota (f)	галеб (м)	gáleb
albatroz (m)	албатрос (м)	álbatros
pinguim (m)	пингвин (м)	píngvin

139. Peixes. Animais marinhos

brema (f)	деверика (ж)	devérika
carpa (f)	шаран (м)	šáran
perca (f)	гргеч (м)	gŕgeč
siluro (m)	сом (м)	som
lúcio (m)	штука (ж)	štúka

salmão (m)	лосос (м)	lósos
esturjão (m)	јесетра (ж)	jésetra

arenque (m)	харинга (ж)	háringa
salmão (m)	атлантски лосос (м)	átlantski lósos
cavala, sarda (f)	скуша (ж)	skúša
solha (f)	лист (м)	list

lúcio perca (m)	смуђ (м)	smuđ
bacalhau (m)	бакалар (м)	bakálar
atum (m)	туна (ж), туњ (м)	tuna, tunj
truta (f)	пастрмка (ж)	pástrmka

enguia (f)	јегуља (ж)	jégulja
raia elétrica (f)	ража (ж)	ráža
moreia (f)	мурина (ж)	múrina
piranha (f)	пирана (ж)	pirána

tubarão (m)	ајкула (ж)	ájkula
golfinho (m)	делфин (м)	délfin
baleia (f)	кит (м)	kit

caranguejo (m)	краба (ж)	krába
medusa, alforreca (f)	медуза (ж)	medúza
polvo (m)	хоботница (ж)	hóbotnica

estrela-do-mar (f)	морска звезда (ж)	mórska zvézda
ouriço-do-mar (m)	морски јеж (м)	mórski jež
cavalo-marinho (m)	морски коњић (м)	mórski kónjić

ostra (f)	острига (ж)	óstriga
camarão (m)	шкамп (м)	škamp
lavagante (m)	хлап (м)	hlap
lagosta (f)	јастог (м)	jástog

140. Amfíbios. Répteis

serpente, cobra (f)	змија (ж)	zmíja
venenoso	отрован	ótrovan

víbora (f)	шарка (ж)	šárka
cobra-capelo, naja (f)	кобра (ж)	kóbra
pitão (m)	питон (м)	píton
jiboia (f)	удав (м)	údav
cobra-de-água (f)	белоушка (ж)	beloúška

cascavel (f)	звечарка (ж)	zvéčarka
anaconda (f)	анаконда (ж)	anakónda
lagarto (m)	гуштер (м)	gúšter
iguana (f)	игуана (ж)	iguána
varano (m)	варан (м)	váran
salamandra (f)	даждевњак (м)	daždévnjak
camaleão (m)	камелеон (м)	kameléon
escorpião (m)	шкорпија (ж)	škórpija
tartaruga (f)	корњача (ж)	kórnjača
rã (f)	жаба (ж)	žába
sapo (m)	крастача (ж)	krástača
crocodilo (m)	крокодил (м)	krokódil

141. Insetos

inseto (m)	инсект (м)	ínsekt
borboleta (f)	лептир (м)	léptir
formiga (f)	мрав (м)	mrav
mosca (f)	мува (ж)	múva
mosquito (m)	комарац (м)	komárac
escaravelho (m)	буба (ж)	búba
vespa (f)	оса (ж)	ósa
abelha (f)	пчела (ж)	pčéla
mamangava (f)	бумбар (м)	búmbar
moscardo (m)	обад (м)	óbad
aranha (f)	паук (м)	páuk
teia (f) de aranha	паучина (ж)	páučina
libélula (f)	вилин коњиц (м)	vílin kónjic
gafanhoto-do-campo (m)	скакавац (м)	skákavac
traça (f)	мољац (м)	móljac
barata (f)	бубашваба (ж)	bubašvába
carraça (f)	крпељ (м)	kŕpelj
pulga (f)	бува (ж)	búva
borrachudo (m)	мушица (ж)	múšica
gafanhoto (m)	миграторни скакавац (м)	mígratorni skákavac
caracol (m)	пуж (м)	puž
grilo (m)	цврчак (м)	cvŕčak
pirilampo (m)	свитац (м)	svítac
joaninha (f)	бубамара (ж)	bubamára
besouro (m)	гундељ (м)	gúndelj
sanguessuga (f)	пијавица (ж)	píjavica
lagarta (f)	гусеница (ж)	gúsenica
minhoca (f)	црв (м)	cŕv
larva (f)	ларва (ж)	lárva

Flora

142. Árvores

árvore (f)	дрво (с)	dŕvo
decídua	листопадно	lístopadno
conífera	четинарско	četinarsko
perene	зимзелено	zímzeleno
macieira (f)	јабука (ж)	jábuka
pereira (f)	крушка (ж)	krúška
cerejeira (f)	трешња (ж)	tréšnja
ginjeira (f)	вишња (ж)	víšnja
ameixeira (f)	шљива (ж)	šljíva
bétula (f)	бреза (ж)	bréza
carvalho (m)	храст (м)	hrast
tília (f)	липа (ж)	lípa
choupo-tremedor (m)	јасика (ж)	jásika
bordo (m)	јавор (м)	jávor
espruce-europeu (m)	јела (ж)	jéla
pinheiro (m)	бор (м)	bor
alerce, lariço (m)	ариш (м)	áriš
abeto (m)	јела (ж)	jéla
cedro (m)	кедар (м)	kédar
choupo, álamo (m)	топола (ж)	topóla
tramazeira (f)	јаребика (ж)	járebika
salgueiro (m)	врба (ж)	vŕba
amieiro (m)	јова (ж)	jóva
faia (f)	буква (ж)	búkva
ulmeiro (m)	брест (м)	brest
freixo (m)	јасен (м)	jásen
castanheiro (m)	кестен (м)	késten
magnólia (f)	магнолија (ж)	magnólija
palmeira (f)	палма (ж)	pálma
cipreste (m)	чемпрес (м)	čémpres
mangue (m)	мангрово дрво (с)	mángrovo dŕvo
embondeiro, baobá (m)	баобаб (м)	báobab
eucalipto (m)	еукалиптус (м)	eukalíptus
sequoia (f)	секвоја (ж)	sekvója

143. Arbustos

arbusto (m)	грм, жбун (м)	gŕm, žbun
arbusto (m), moita (f)	жбун (м)	žbun

videira (f)	винова лоза (ж)	vínova lóza
vinhedo (m)	виноград (м)	vínograd
framboeseira (f)	малина (ж)	málina
groselheira-preta (f)	црна рибизла (ж)	cŕna ríbizla
groselheira-vermelha (f)	црвена рибизла (ж)	crvéna ríbizla
groselheira (f) espinhosa	огрозд (м)	ógrozd
acácia (f)	багрем (м)	bágrem
bérberis (f)	жутика, шимширика (ж)	žútika, šimšírika
jasmim (m)	јасмин (м)	jásmin
junípero (m)	клека (ж)	kléka
roseira (f)	ружин грм (м)	rúžin gŕm
roseira (f) brava	шипак (м)	šípak

144. Frutos. Bagas

fruta (f)	воћка (ж)	vóćka
frutas (f pl)	воће, плодови (мн)	vóće, plódovi
maçã (f)	јабука (ж)	jábuka
pera (f)	крушка (ж)	krúška
ameixa (f)	шљива (ж)	šljíva
morango (m)	јагода (ж)	jágoda
ginja (f)	вишња (ж)	víšnja
cereja (f)	трешња (ж)	tréšnja
uva (f)	грожђе (с)	gróžđe
framboesa (f)	малина (ж)	málina
groselha (f) preta	црна рибизла (ж)	cŕna ríbizla
groselha (f) vermelha	црвена рибизла (ж)	crvéna ríbizla
groselha (f) espinhosa	огрозд (м)	ógrozd
oxicoco (m)	брусница (ж)	brúsnica
laranja (f)	наранџа (ж)	nárandža
tangerina (f)	мандарина (ж)	mandarína
ananás (m)	ананас (м)	ánanas
banana (f)	банана (ж)	banána
tâmara (f)	урма (ж)	úrma
limão (m)	лимун (м)	límun
damasco (m)	кајсија (ж)	kájsija
pêssego (m)	бресква (ж)	bréskva
kiwi (m)	киви (м)	kívi
toranja (f)	грејпфрут (м)	gréjpfrut
baga (f)	бобица (ж)	bóbica
bagas (f pl)	бобице (мн)	bóbice
arando (m) vermelho	брусница (ж)	brúsnica
morango-silvestre (m)	шумска јагода (ж)	šúmska jágoda
mirtilo (m)	боровница (ж)	borόvnica

145. Flores. Plantas

flor (f)	цвет (м)	cvet
ramo (m) de flores	букет (м)	búket
rosa (f)	ружа (ж)	rúža
tulipa (f)	тулипан (м)	tulípan
cravo (m)	каранфил (м)	karánfil
gladíolo (m)	гладиола (ж)	gladióla
centáurea (f)	различак (м)	razlíčak
campânula (f)	звонце (с)	zvónce
dente-de-leão (m)	маслачак (м)	masláčak
camomila (f)	камилица (ж)	kamílica
aloé (m)	алоја (ж)	áloja
cato (m)	кактус (м)	káktus
fícus (m)	фикус (м)	fíkus
lírio (m)	љиљан (м)	ljíljan
gerânio (m)	гераниум, здравац (м)	geránium, zdrávac
jacinto (m)	зумбул (м)	zúmbul
mimosa (f)	мимоза (ж)	mimóza
narciso (m)	нарцис (м)	nárcis
capuchinha (f)	драгољуб (м)	drágoljub
orquídea (f)	орхидеја (ж)	orhidéja
peónia (f)	божур (м)	bóžur
violeta (f)	љубичица (ж)	ljubičíca
amor-perfeito (m)	дан и ноћ	dan i noć
não-me-esqueças (m)	споменак (м)	spoménak
margarida (f)	красуљак (м)	krasúljak
papoula (f)	мак (м)	mak
cânhamo (m)	конопља (ж)	kónoplja
hortelã (f)	нана, метвица (ж)	nána, métvica
lírio-do-vale (m)	ђурђевак (м)	đurđévak
campânula-branca (f)	висибаба (ж)	vísibaba
urtiga (f)	коприва (ж)	kópriva
azeda (f)	кисељак (м)	kiséljak
nenúfar (m)	локвањ (м)	lókvanj
feto (m), samambaia (f)	папрат (ж)	páprat
líquen (m)	лишај (м)	líšaj
estufa (f)	стакленик (м)	stáklenik
relvado (m)	травњак (м)	trávnjak
canteiro (m) de flores	цветна леја (ж)	cvétna léja
planta (f)	биљка (ж)	bíljka
erva (f)	трава (ж)	tráva
folha (f) de erva	травчица (ж)	trávčica

folha (f)	лист (м)	list
pétala (f)	латица (ж)	lática
talo (m)	стабљика (ж)	stábljika
tubérculo (m)	гомољ (м)	gómolj

| broto, rebento (m) | изданак (м) | ízdanak |
| espinho (m) | трн (м) | trn |

florescer (vi)	цветати (нг)	cvétati
murchar (vi)	венути (нг)	vénuti
cheiro (m)	мирис (м)	míris
cortar (flores)	одсећи (пг)	ódseći
colher (uma flor)	убрати (пг)	ubráti

146. Cereais, grãos

grão (m)	зрно (с)	zŕno
cereais (plantas)	житарице (мн)	žitárice
espiga (f)	клас (м)	klas

trigo (m)	пшеница (ж)	pšénica
centeio (m)	раж (ж)	raž
aveia (f)	овас (м)	óvas
milho-miúdo (m)	просо (с)	próso
cevada (f)	јечам (м)	ječam

milho (m)	кукуруз (м)	kukúruz
arroz (m)	пиринач (м)	pírinač
trigo-sarraceno (m)	хељда (ж)	héljda

ervilha (f)	грашак (м)	grášak
feijão (m)	пасуљ (м)	pásulj
soja (f)	соја (ж)	sója
lentilha (f)	сочиво (с)	sóčivo
fava (f)	махунарке (мн)	mahúnarke

PAÍSES. NACIONALIDADES

147. Europa Ocidental

Europa (f)	Европа (ж)	Evrópa
União (f) Europeia	Европска унија (ж)	Evropska únija
Áustria (f)	Аустрија (ж)	Áustrija
Grã-Bretanha (f)	Велика Британија (ж)	Vélika Brítanija
Inglaterra (f)	Енглеска (ж)	Engleska
Bélgica (f)	Белгија (ж)	Bélgija
Alemanha (f)	Немачка (ж)	Némačka
Países (m pl) Baixos	Низоземска (ж)	Nízozemska
Holanda (f)	Холандија (ж)	Holándija
Grécia (f)	Грчка (ж)	Gŕčka
Dinamarca (f)	Данска (ж)	Dánska
Irlanda (f)	Ирска (ж)	Irska
Islândia (f)	Исланд (м)	Island
Espanha (f)	Шпанија (ж)	Špánija
Itália (f)	Италија (ж)	Itálija
Chipre (m)	Кипар (м)	Kípar
Malta (f)	Малта (ж)	Málta
Noruega (f)	Норвешка (ж)	Nórveška
Portugal (m)	Португалија (ж)	Portugálija
Finlândia (f)	Финска (ж)	Fínska
França (f)	Француска (ж)	Fráncuska
Suécia (f)	Шведска (ж)	Švédska
Suíça (f)	Швајцарска (ж)	Švájcarska
Escócia (f)	Шкотска (ж)	Škótska
Vaticano (m)	Ватикан (м)	Vátikan
Liechtenstein (m)	Лихтенштајн (м)	Líhtenštajn
Luxemburgo (m)	Луксембург (м)	Lúksemburg
Mónaco (m)	Монако (м)	Mónako

148. Europa Central e de Leste

Albânia (f)	Албанија (ж)	Albánija
Bulgária (f)	Бугарска (ж)	Búgarska
Hungria (f)	Мађарска (ж)	Máđarska
Letónia (f)	Летонија (ж)	Létonija
Lituânia (f)	Литванија (ж)	Litvánija
Polónia (f)	Пољска (ж)	Póljska

Roménia (f)	Румунија (ж)	Rúmunija
Sérvia (f)	Србија (ж)	Sŕbija
Eslováquia (f)	Словачка (ж)	Slóvačka
Croácia (f)	Хрватска (ж)	Hrvátska
República (f) Checa	Чешка република (ж)	Čéška repúblika
Estónia (f)	Естонија (ж)	Estonija
Bósnia e Herzegovina (f)	Босна и Херцеговина (ж)	Bósna i Hércegovina
Macedónia (f)	Македонија (ж)	Mákedonija
Eslovénia (f)	Словенија (ж)	Slóvenija
Montenegro (m)	Црна Гора (ж)	Cŕna Góra

149. Países da ex-URSS

Azerbaijão (m)	Азербејџан (м)	Azerbéjdžan
Arménia (f)	Јерменија (ж)	Jérmenija
Bielorrússia (f)	Белорусија (ж)	Belorúsija
Geórgia (f)	Грузија (ж)	Grúzija
Cazaquistão (m)	Казахстан (м)	Kázahstan
Quirguistão (m)	Киргистан (м)	Kírgistan
Moldávia (f)	Молдавија (ж)	Moldávija
Rússia (f)	Русија (ж)	Rúsija
Ucrânia (f)	Украјина (ж)	Úkrajina
Tajiquistão (m)	Таџикистан (м)	Tadžikístan
Turquemenistão (m)	Туркменистан (м)	Turkménistan
Uzbequistão (f)	Узбекистан (м)	Uzbekistan

150. Asia

Ásia (f)	Азија (ж)	Ázija
Vietname (m)	Вијетнам (м)	Víjetnam
Índia (f)	Индија (ж)	Índija
Israel (m)	Израел (м)	Izrael
China (f)	Кина (ж)	Kína
Líbano (m)	Либан (м)	Líban
Mongólia (f)	Монголија (ж)	Móngolija
Malásia (f)	Малезија (ж)	Malézija
Paquistão (m)	Пакистан (м)	Pákistan
Arábia (f) Saudita	Саудијска Арабија (ж)	Sáudijska Árabija
Tailândia (f)	Тајланд (м)	Tájland
Taiwan (m)	Тајван (м)	Tájvan
Turquia (f)	Турска (ж)	Túrska
Japão (m)	Јапан (м)	Jápan
Afeganistão (m)	Авганистан (м)	Avganístan
Bangladesh (m)	Бангладеш (м)	Bángladeš

Indonésia (f)	Индонезија (ж)	Indonezija
Jordânia (f)	Јордан (м)	Jórdan

Iraque (m)	Ирак (м)	Irak
Irão (m)	Иран (м)	Iran
Camboja (f)	Камбоџа (ж)	Kambódža
Kuwait (m)	Кувајт (м)	Kúvajt

Laos (m)	Лаос (м)	Láos
Myanmar (m), Birmânia (f)	Мјанмар (м)	Mjánmar
Nepal (m)	Непал (м)	Népal
Emirados Árabes Unidos	Уједињени Арапски Емирати	Ujedínjeni Árapski Emiráti

Síria (f)	Сирија (ж)	Sírija
Palestina (f)	Палестина (ж)	Palestína
Coreia do Sul (f)	Јужна Кореја (ж)	Júžna Koréja
Coreia do Norte (f)	Северна Кореја (ж)	Séverna Koréja

151. América do Norte

Estados Unidos da América	Сједињене Америчке Државе	Sjédinjene Américke Dŕžave
Canadá (m)	Канада (ж)	Kanada
México (m)	Мексико (м)	Méksiko

152. América Central do Sul

Argentina (f)	Аргентина (ж)	Argentína
Brasil (m)	Бразил (м)	Brázil
Colômbia (f)	Колумбија (ж)	Kolúmbija
Cuba (f)	Куба (ж)	Kúba
Chile (m)	Чиле (м)	Číle
Bolívia (f)	Боливија (ж)	Bolívija
Venezuela (f)	Венецуела (ж)	Venecuéla
Paraguai (m)	Парагвај (м)	Páragvaj
Peru (m)	Перу (м)	Péru
Suriname (m)	Суринам (м)	Surínam
Uruguai (m)	Уругвај (м)	Urugvaj
Equador (m)	Еквадор (м)	Ekvador
Bahamas (f pl)	Бахами (мн)	Bahámi
Haiti (m)	Хаити (м)	Haiti
República (f) Dominicana	Доминиканска република (ж)	Dominikanska república
Panamá (m)	Панама (ж)	Pánama
Jamaica (f)	Јамајка (ж)	Jamájka

153. Africa

Egito (m)	Египат (м)	Egipat
Marrocos	Мароко (м)	Maróko
Tunísia (f)	Тунис (м)	Túnis
Gana (f)	Гана (ж)	Gána
Zanzibar (m)	Занзибар (м)	Zanzibar
Quénia (f)	Кенија (ж)	Kénija
Líbia (f)	Либија (ж)	Líbija
Madagáscar (m)	Мадагаскар (м)	Madagáskar
Namíbia (f)	Намибија (ж)	Námibija
Senegal (m)	Сенегал (м)	Sénegal
Tanzânia (f)	Танзанија (ж)	Tánzanija
África do Sul (f)	Јужноафричка република (ж)	Južnoáfrička repúblika

154. Austrália. Oceania

Austrália (f)	Аустралија (ж)	Austrálija
Nova Zelândia (f)	Нови Зеланд (м)	Nóvi Zéland
Tasmânia (f)	Тасманија (ж)	Tásmanija
Polinésia Francesa (f)	Француска Полинезија (ж)	Fráncuska Polinézija

155. Cidades

Amesterdão	Амстердам (м)	Ámsterdam
Ancara	Анкара (ж)	Ánkara
Atenas	Атина (ж)	Atína
Bagdade	Багдад (м)	Bágdad
Banguecoque	Бангкок (м)	Bángkok
Barcelona	Барселона (ж)	Barselóna
Beirute	Бејрут (м)	Béjrut
Berlim	Берлин (м)	Bérlin
Bombaim	Бомбај (м)	Bómbaj
Bona	Бон (м)	Bon
Bordéus	Бордо (м)	Bordó
Bratislava	Братислава (ж)	Brátislava
Bruxelas	Брисел (м)	Brísel
Bucareste	Букурешт (м)	Búkurešt
Budapeste	Будимпешта (ж)	Búdimpešta
Cairo	Каиро (м)	Káiro
Calcutá	Калкута (ж)	Kalkúta
Chicago	Чикаго (м)	Čikágo
Cidade do México	Мексико (м)	Méksiko
Copenhaga	Копенхаген (м)	Kopenhágen

Dar es Salaam	Дар ес Салам (м)	Dar es Salám
Deli	Делхи (м)	Délhi
Dubai	Дубаи (м)	Dubái
Dublin, Dublim	Даблин (м)	Dáblin
Düsseldorf	Диселдорф (м)	Díseldorf
Estocolmo	Стокхолм (м)	Stókholm
Florença	Фиренца (ж)	Firénca
Frankfurt	Франкфурт (м)	Fránkfurt
Genebra	Женева (ж)	Ženéva
Haia	Хаг (м)	Hag
Hamburgo	Хамбург (м)	Hámburg
Hanói	Ханој (м)	Hánoj
Havana	Хавана (ж)	Havána
Helsínquia	Хелсинки (м)	Hélsinki
Hiroshima	Хирошима (ж)	Hirošíma
Hong Kong	Хонгконг (м)	Hóngkong
Istambul	Истанбул (м)	Istanbul
Jerusalém	Јерусалим (м)	Jerusálim
Kiev	Кијев (м)	Kíjev
Kuala Lumpur	Куала Лумпур (м)	Kuála Lúmpur
Lisboa	Лисабон (м)	Lísabon
Londres	Лондон (м)	Lóndon
Los Angeles	Лос Анђелес (м)	Los Anđeles
Lion	Лион (м)	Líon
Madrid	Мадрид (м)	Mádrid
Marselha	Марсеј (м)	Marséj
Miami	Мајами (м)	Majámi
Montreal	Монтреал (м)	Móntreal
Moscovo	Москва (ж)	Móskva
Munique	Минхен (м)	Mínhen
Nairóbi	Најроби (м)	Najróbi
Nápoles	Напуљ (м)	Nápulj
Nice	Ница (ж)	Níca
Nova York	Њујорк (м)	Njújork
Oslo	Осло (с)	Oslo
Ottawa	Отава (ж)	Otava
Paris	Париз (м)	Páriz
Pequim	Пекинг (м)	Péking
Praga	Праг (м)	Prag
Rio de Janeiro	Рио де Жанеиро (м)	Río de Žanéiro
Roma	Рим (м)	Rim
São Petersburgo	Санкт Петербург (м)	Sankt Péterburg
Seul	Сеул (м)	Séul
Singapura	Сингапур (м)	Síngapur
Sydney	Сиднеј (м)	Sídnej
Taipé	Тајпеј (м)	Tájpej
Tóquio	Токио (м)	Tókio
Toronto	Торонто (м)	Torónto

Varsóvia	Варшава (ж)	Váršava
Veneza	Венеција (ж)	Vénecija
Viena	Беч (м)	Beč
Washington	Вашингтон (м)	Vášington
Xangai	Шангај (м)	Šángaj

www.ingramcontent.com/pod-product-compliance
Lightning Source LLC
Chambersburg PA
CBHW070555050426
42450CB00011B/2873